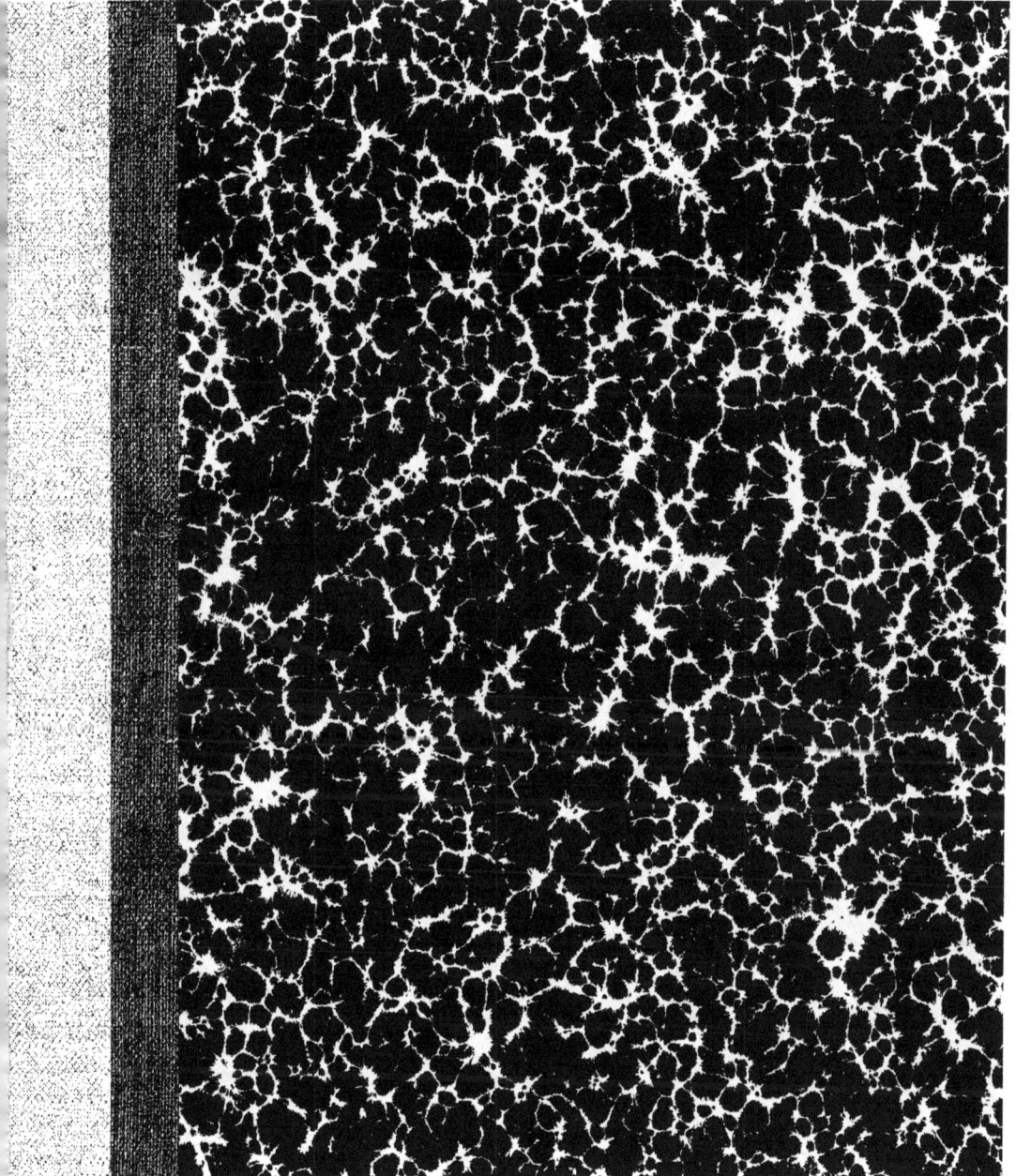

MÉMOIRES

PUBLIÉS PAR LES MEMBRES

DE LA

MISSION ARCHÉOLOGIQUE FRANÇAISE AU CAIRE

MÉMOIRES

PUBLIÉS

PAR LES MEMBRES

DE LA

MISSION ARCHÉOLOGIQUE FRANÇAISE

AU CAIRE

SOUS LA DIRECTION DE M. U. BOURIANT

TOME QUINZIÈME

Al. GAYET

LE TEMPLE DE LOUXOR

1er Fascicule

CONSTRUCTIONS D'AMÉNOPHIS III

Cour d'Aménophis, Salle hypostyle, Salle des Offertoires,
Salle du *Lever* et Sanctuaire de Maut.

PARIS

ERNEST LEROUX, ÉDITEUR

LIBRAIRE DE LA SOCIÉTÉ ASIATIQUE

DE L'ÉCOLE DES LANGUES ORIENTALES VIVANTES, DE L'ÉCOLE DU LOUVRE, ETC.

AVERTISSEMENT

Le Mémoire que je présente ici aujourd'hui a passé par de nombreuses phases qu'il m'est nécessaire d'exposer sommairement, ne fût-ce que pour prendre date.

Ce Mémoire représente le travail de deux années de mon séjour à la Mission de France au Caire (la troisième année que j'y ai passée étant fournie par le Catalogue des monuments coptes du Musée de Boulaq : *Mémoires de la Mission du Caire,* t. III) et le relever des scènes et inscriptions qu'il renferme a été fait à Louxor en quatre mois, — 16 janvier, 20 mars 1886; 20 janvier, 1er avril 1887. — Tout semblait me permettre alors de livrer à bref délai mon manuscrit, lorsque par suite d'un accident les feuillets de la copie se trouvèrent séparés et mélangés. Or, la classification par salle et par registre n'était indiquée qu'en tête de la première scène de chacune de ces divisions; de sorte que sur les cinq cents tableaux dont se compose l'ensemble de la partie du monument décorée par Aménophis III, c'est tout au plus si soixante avaient une indication précise. J'essayai bien de rétablir de souvenir un certain nombre de scènes, ne fût-ce que par salles; pour quelques-unes, cette façon de procéder me réussit à peu près; mais pour la grande majorité, je me heurtai à une impossibilité complète. Au reste, la plupart des peintures relatives au rite religieux se trouvent répétées plusieurs fois; quelques détails d'accessoires, quelques variantes d'inscriptions permettent seuls d'en retrouver la place vraie; il devenait indispensable d'opérer une collation en face du monument même; aussi, après deux ans d'essais infructueux et d'attente, cette collation m'ayant été accordée, il m'a été enfin possible de retrouver l'ordre rompu et de livrer mon travail qui, par suite des tribulations par lesquelles il a passé, arrive avec cinq ans de retard.

Le plan primitif du Mémoire comprenait la publication du temple dans son entier, du grand pylône à la dernière salle; mais le déblayement de la première cour n'ayant pu être achevé jusqu'ici pour des raisons que l'on verra plus loin, force m'a été, pour rester fidèle à mon programme, de m'arrêter à un moyen terme.

Toute la partie postérieure du temple, en effet, est complètement dégagée; rien de nouveau ne peut être maintenant découvert de ce côté; en même temps, cette moitié de l'édifice représente toutes les constructions d'Aménophis III. Je la détache donc sous forme de monographie complète; — la première qui ait été entreprise pour un temple égyptien; — réservant ce qui est de Séti Iᵉʳ et de Ramsès II.

Cette deuxième partie dont j'ai en mains tout ce qui a été mis à jour est au reste, comme importance, égale à la première. Elle comprend le grand pylône, la première cour et la deuxième porte; une copie du poème de Pentaour, des récits de campagnes en Syrie et les litanies d'Amon[1].

La restitution du temple du Louxor ne présentait pas de difficultés sérieuses. En 1887, j'exposai au *Salon* une restauration architecturale complète, plan, coupe et élévation, dont j'avais pris les éléments en 1886[2]. Par maints détails elle s'éloignait sensiblement du plan donné au commencement du siècle par

[1]. Le dégagement de la partie du temple, désignée sous le nom de colonnade de Séti Iᵉʳ, opéré au printemps 1893, a donné des bas-reliefs extrêmement intéressants qui prouvent que cette colonnade appartient à Aménophis III. La majeure partie de la décoration est à son nom. Ces tableaux renferment une infinité de personnages, un millier peut-être, se mouvant dans des attitudes qu'on ne retrouve nulle part ailleurs. Ce sont des danses religieuses, des danses nègres, des défilés de processions escortées de soldats, de musiques et de porteurs de bannières. Les figures mesurent en général trente centimètres et sont tellement enchevêtrées que le dessin en est fort compliqué. La grande rareté des compositions fait qu'il serait d'un haut intérêt de les joindre aux scènes ici publiées; elles fourniraient à l'étude du mythe d'Amon un élément de plus et compléteraient l'ensemble de la partie du temple décorée par Aménophis III.

[2]. L'examen critique des dispositions architecturales du temple fait l'objet d'une étude spéciale qu'on trouvera à la fin de ce Mémoire et qui, tout entière, est basée sur des notes absolument personnelles.

la Commission d'Égypte. Champollion le Jeune, Lepsius et Rosellini ont publié un certain nombre de scènes, empruntées surtout au sanctuaire de Maut. Lepsius en a relevé trois registres entiers (mur ouest, II⁰ et III⁰ registres, et mur sud, III⁰ registre) ; Champollion et Rosellini, des scènes détachées.

D'autres, tels que Prisse d'Avennes et Wilkinson, se sont tour à tour occupés aussi de Louxor. Artistes avant tout, ils ont toujours tourné dans un cercle de huit à dix scènes, copiées et recopiées pour la rareté de la composition ; en sorte que de tous les monuments d'Égypte, le temple d'Aménophis est encore aujourd'hui le moins étudié et le moins connu. Aussi m'étais-je proposé pour but, en entreprenant ce Mémoire, d'essayer de dégager de l'ensemble des scènes conservées une reconstitution du culte de l'Amon Thébain, au temps de la XVIII⁰ dynastie[1], et quelques données certaines sur le rôle religieux du souverain, considéré en tant que représentant de la divinité. Malheureusement, l'éboulement de quelques murs et les brèches ouvertes pour servir de portes aux masures qui, il y a peu d'années encore, s'appuyaient au sanctuaire, en coupant de nombreuses lacunes les tableaux et les légendes, ont souvent mis de sérieux obstacles à la réalisation du premier de ces deux problèmes, et m'ont forcé à mettre plus d'une réserve à la solution du second.

Les besoins du tirage des planches ci-jointes ont nécessité un remaniement complet du Mémoire qui les accompagne ; au manuscrit primitif ce Mémoire comporte :

Première partie :

    I. Une introduction générale comprenant la description du temple ;

    II. L'historique de sa fondation et des réparations qu'il a subies ;

    III. L'exposé des fouilles exécutées par M. Maspero de 1884 à 1886 pour le dégagement des ruines ;

    IV. L'étude architecturale de tout le monument avec planches et détails des ordres employés.

---

1. Plus que Louxor, Karnak aurait fourni les éléments de cette étude. Mais ruiné de fond en comble au delà de l'*Ousekht,* il est impossible d'y suivre le mythe de l'hypostyle aux dernières salles.

Deuxième partie :

    I. L'étude comparative du mythe d'Amon basée sur les différents documents que nous ont légués les XVIIIe et XIXe dynasties ;

    II. L'analyse du sens symbolique des figures du temple de Louxor.

Ces divers éléments établis, commençait la monographie proprement dite du sanctuaire ; l'analyse de chaque scène reproduite avec traduction de la légende qui en est le complément. Or, c'est à ce point que les besoins dont j'ai parlé tout à l'heure m'obligent à commencer la publication du Mémoire ; les dessins ne peuvent rester en souffrance, ni paraître sans aucune explication. La chose en elle-même serait sans importance si cette explication ne supposait que le lecteur est au courant d'idées exposées dans les développements généraux. L'on voudra donc bien, j'espère, attendre jusqu'à la fin de l'ouvrage ces notices transposées pour avoir la critique du sujet en litige. Au lieu de précéder la difficulté, elle la suivra ; au lieu de la préjuger, elle la discutera. L'ensemble aura le même développement ; seuls les membres seront transposés de place, et pour être présentés dans un ordre un peu insolite y auront peut-être gagné.

(L'ensemble de l'ouvrage formera en moyenne trois fascicules et comprendra de 800 à 900 pages.)

LE

TEMPLE DE LOUXOR

CONSTRUCTIONS D'AMÉNOPHIS III[1]

I. Deuxième cour et salle hypostyle. — Au seuil de la porte qui, de
la grande colonnade du temple, accède à la deuxième cour, la première
inscription qu'on rencontre est celle placée sur la feuillure de la porte au
cours du règne d'un empereur romain. Un remaniement des jambages avait
été opéré alors et deux pilastres élevés dans la baie avaient fait trois petites
portes de la porte primitive.

Le cartouche est peu lisible et trop incertain pour être transcrit. Cependant
les fragments encore visibles semblent appartenir au nom de Tibère. La
difficulté de la lecture est d'autant plus grande que le protocole n'a pas été
gravé, mais seulement esquissé à l'encre rouge au montant de gauche ; à
celui de droite, la sculpture des figures est ébauchée, mais les hiéroglyphes
sont également peints.

La décoration est trop fruste et trop incomplète pour lui consacrer une
planche. A droite on aperçoit une offrande faite à Amon par le souverain
coiffé du casque qui présente à deux mains le 𓏤𓏤𓏤. A gauche une scène
identique, mais dans un état de conservation qui laisse encore plus à
désirer.

---

1. Un index, annexé aux interprétations proposées, contiendra toutes les notes qui eussent pris place
au bas de chaque page : plusieurs demandaient un développement considérable et auraient interrompu
inutilement les traductions.

Côté droit. — Tout le haut de l'inscription est effacé, on lit encore en colonnes :

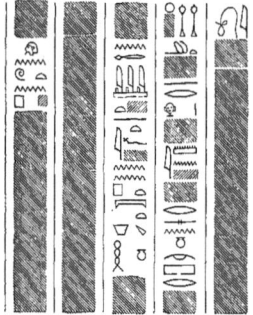

« ....

... Limites des deux terres jusqu'à la face d'Amon, conformément à...............

.... »

Côté gauche. — Deux ou trois lignes horizontales un peu plus nettes, mais tout aussi incertaines. Dans la première on distingue :

et au-dessous d'un ciel étoilé, dans une légende mi-partie horizontale, mi-partie verticale :

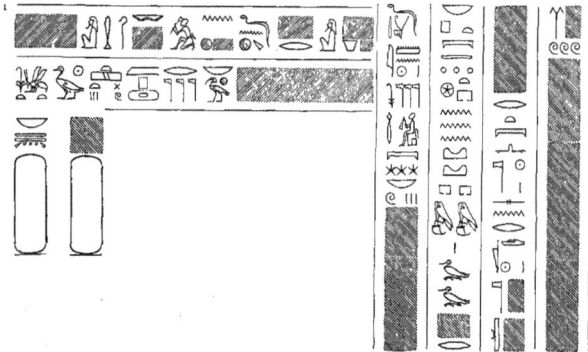

1. Les lignes horizontales sont gravées de droite à gauche.

« Le roi du Midi et du Nord, maître de la double terre... fils du soleil...
pénètre à la demeure...? des dieux, maître de lumière... Dit par Amon-Ra,
roi des dieux, grand, vénérable au-dessus de tous les astres... seigneur du
ciel, de la terre, du Douaut, des eaux, des deux horizons... » Le reste est
trop incertain pour être traduit.

La porte franchie, on pénètre dans ce qui fut la deuxième cour : à droite,
le mur du portique Ouest est complètement détruit, l'intérieur ne garde plus
trace de décoration; à gauche, le mur Est ne laisse voir par places que
quelques fragments de scènes très mutilées; seul le mur Nord a vers son
extrémité Est deux ou trois tableaux formant presque le premier registre de
l'ancienne composition. Au-dessous, une ligne d'inscription s'étend en bor-
dure continue; mais mutilée et martelée, elle a subi de nombreuses surcharges et a été usurpée par Séti Ier.

Les colonnes des portiques Est et Ouest encore debout sont couronnées de
leurs architraves; les inscriptions de ces dernières ont été en partie publiées
par Champollion le Jeune et Lepsius. Les voici complètes, ainsi que celles de
la salle hypostyle.

Portique de l'Est. — Architrave α; inscription sur trois lignes [1] :

Ligne 1 :

Ligne 2 :

Ligne 3 :

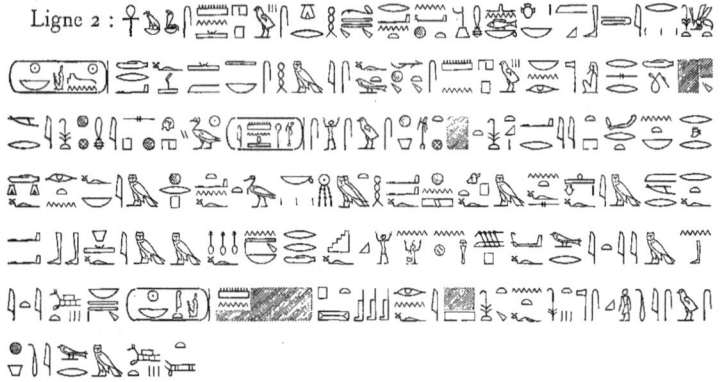

« Le Vivant, l'Horus, taureau puissant qui se lève en vivificateur, franchisseur de qui présente obstacle à sa mission, muni de cornes, ferme de cœur... il n'est rien qui lui résiste; le roi du Midi et du Nord Ma neb Ra, l'héritier de Ra... il a fait ses monuments pour son père Amon-Ra en renouvelant pour lui les constructions de Thèbes à neuf, agissant en fils avec un cœur ami de son père, achevant cela sur son trône de fils de Ra, Amen hotep hiq ouast; les souffles sur ses membres sont de protection. Il se met à l'œuvre,... donnant les règles dont la connaissance guide les directeurs des travaux. Dit sa majesté à chacun son rôle. Auteur grand des milliers de rôles que font les hommes dans Khouarmennou et dans Apet, — c'est le lieu de la naissance authentique. — Il a grandi dans l'édifice d'où il est sorti en qualité de dilatant le cœur à l'heure [la saison] de son lever de ses deux bras ; ses apparitions devant le maître des deux terres, Ma neb Ra, faisant son repos. Taureau de sa mère dans les monuments beaux, grandement, extrêmement. Jamais produite chose semblable, depuis les ancêtres.

» Le Vivant, maître des diadèmes qui maintient les principes, qui met en paix les deux terres ; tu as exercé ta puissance en qualité de fils de Ra, tu n'as point fait souffrir cœur quelconque, par la multiplication des actes du roi du Midi et du Nord, Ma neb Ra, l'éprouvé de Ra. Il chasse son imposteur de toute la terre, écrasant le mauvais principe, affermissant toutes les lois qu'a faites la divinité pour faire la première fois ; fils de Ra, Amen hotep hiq ouast, élargissant Thèbes Apet-rès et l'enclos des magasins *arit* et ce qui est consacré au maître universel ; il considère tout ce qu'on a fait pour lui ; il prend possession des hommages des humains ; il réjouit son goût en aspirant ; son cœur s'y complaît en son désir. Il y fait l'acte *abâb* dans ses beautés à toute la terre sur son escalier élevé de milliers de la première fois où il prend la couronne sur le siège du maître des deux terres, Ma neb Ra [aimé] d'Amon Ra... Apet astu. Il a fait [*Apet*] *rès* pour son père embelli, rehaussé, élargi grandement, merveilleusement...

» Le Vivant, l'Horus sur l'or, grand par la *Khopesch*, vainqueur de Pad, de Thèbes, roi du Midi et du Nord, Ma neb Ra, aimé de Ra, marchant en qualité de disque solaire ; il écarte ses pas, l'astre d'électrum ; il surgit à cheval, enlevant les barrières de la terre de To-qens [Nubie]. Battant le pays de Koush et ravageant ses campagnes, le fils de Ra, Amen hotep hiq ouast, le roi qui multiplie sa puissance sur tous les pays étrangers, bouleversant la terre des Asiatiques rassemblés, gouvernant la terre en hiver et en été. Point ne sont libres les terres et toutes les régions étrangères sous ses sandales. Il est tout seul à créer... dans toutes leurs cultures à multiplier ce qui est parmi eux des pères de leurs pères, depuis le temps du Dieu, pour qu'ils présentent l'hommage ; afin que leur donne les souffles de la vie le maître de la double terre, Ma neb Ra, qui a fait son nom vainqueur puissant parmi tous les pays étrangers avec une grande gloire. Sa direction lui a parfait la victoire mettant tous les pays étrangers sous ses... »

Face interne de l'architrave :

Ligne 1 : [hiéroglyphes]

Ligne 2 : [hiéroglyphes]

« Le Vivant, l'Horus, taureau puissant qui se lève en vivificateur... maître de la *Khopesch*, celui qui maintient les Pad, le roi du Midi et du Nord, Ma neb Ra, engendré de Ra, fils du soleil, Amen hotep hiq ouast a fait ses monuments pour son père Amon Ra, roi des dieux, en renouvelant les constructions de Thèbes à neuf, rehaussées, élargies grandement. On voit ses dispositions avec satisfaction ; splendides de même que l'horizon du ciel. En faisant [acte] du fils, son cœur se réjouit du père qui l'a mis sur le trône ; maître des deux terres, Ma neb Ra, élu de Ra, le fils aimé d'Amon ; quand il l'a fait en maître unique, pour que soient comblées de *Hotepou* et de *T'jefau* sa demeure d'électrum, pareille au haut du ciel semé d'étoiles. Inestimable son exécution en face semblable...

» Le Vivant, le maître des diadèmes, qui maintient les principes, qui met en paix les deux terres ; l'Horus d'or, grand par la *Khopesch*, vainqueur des *Sati*, le roi du Midi et du Nord, Ma neb Ra, éprouvé de Ra, fils du soleil,

Amen hotep hiq ouast [a] fait des monuments grands dans Apet du Midi, appuyés sur ce qu'ont fait les ancêtres à leur Père [et] rattachés en qualité d'addition royale. Il a mis la vallée d'Égypte et le désert sous la place de sa face. Les Occidentaux [et] les Orientaux sont sous sa crainte grandement : l'aime plus que roi quelconque, le fils du soleil, Amen hotep hiq ouast. Amon réjouit son cœur de l'amour d'elle [et cette demeure] fait son repos. Taureau de sa mère dans les monuments beaux et brillants pour la durée. Jamais il n'a été fait de choses pareilles depuis autrefois. Il a fait la partie postérieure... »

Architrave α; inscription sur deux lignes [1] :

Ligne 1 :

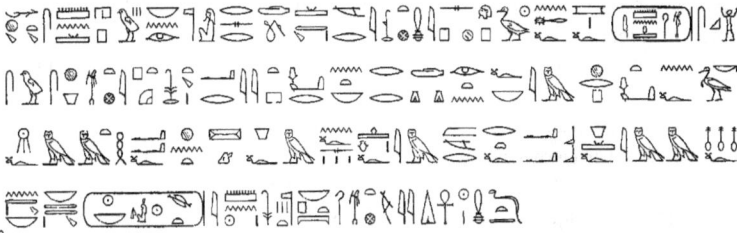

Ligne 2 :

« ... Sont les monuments authentiques du maître auteur des choses, le roi du Midi et du Nord, Ma neb Ra, l'éprouvé de Ra, chassant son imposteur de

1. De droite à gauche.

toute terre, écrasant les mauvais principes, maintenant les lois qu'a faites le Dieu, pour faire prospérer Tomera, comme la première fois. Fils du roi, né de son flanc, aimé de lui, Amen hotep hiq ouast, rehaussant, élargissant Thèbes et Apet Rès et l'enclos sacré du maître universel. Il regarde tout ce qu'il y a fait; il prend possession des hommages des humains; il réjouit son goût en aspirant; son cœur s'y complait en son désir. Il fait l'acte *abáb* dans ses beautés à toute la terre, le maître de la double terre, Ma neb Ra, l'héritier de Ra, aimé d'Amon, le roi des dieux, seigneur du ciel, le pasteur de Thèbes, vivificateur comme le soleil éternellement.

» ... L'Horus d'or, grand par la *Khopesch*, vainqueur des Asiatiques, le roi du Midi et du Nord, Ma neb Ra, l'héritier de Ra. Salut au taureau de sa mère, élu sacré de Toum, devenu héritier parfait de Khépera, éclairant la terre, comme sortant de l'abime; créé par Khuti lui-même, roi du Sud, dieu possesseur de l'*Urert*, beau de visage, soulevant l'*Atef*, dilatant les cœurs, maître... maître des deux terres, Ma neb Ra, l'éprouvé de Ra. Il a fait ses monuments à son père Amon Ra dans le *Khenti* de son Apt. Il a fait Apet à neuf, élevée, élargie grandement en pierre de grès. Fait par le fils de Ra, Amen hotep hiq ouast, aimé d'Amon Ra dans Apet Rès, vivificateur comme le soleil éternellement. »

Architrave α'; inscription sur deux lignes :

Ligne 1 :

Ligne 2 :

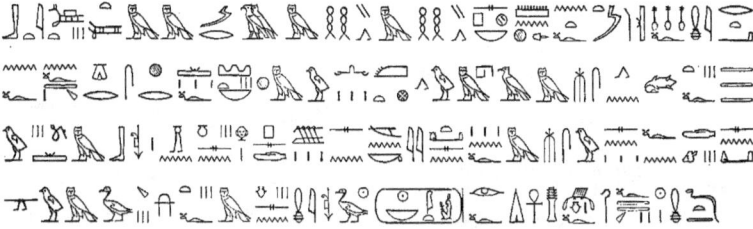

« ... Mettant en paix la double terre, le roi du Midi et du Nord, maître des
deux terres, seigneur auteur des choses, maître des levers, Ma neb Ra,
l'héritier de Ra, du père Amon, le maître... a fait... à neuf; élevé, élargi
grandement la place agréable au Seigneur... Tout le monde est dans l'admi-
ration de sa richesse, abondante [tellement que] point satiété aux humains à
regarder les offrandes que lui a faites son fils qui l'aime, le maître des deux
terres, Ma neb Ra, l'héritier de Ra, sur son trône réparateur de l'habitant de
la Thébaïde. Il a décrété pour lui tous les pays pour que soit lavé par là son
cœur. Il l'a élu parmi ses enfants, il l'a reconnu en qualité de faisant œuvre
brillante, le fils du soleil élevant son affection, Amen hotep hiq ouast. Il fait
sa vivification, sa stabilité, sa prospérité, sa dilatation de cœur. Il gouverne
les deux terres en qualité de soleil éternel.

» ... Le dieu beau, veilleur grand sur sa demeure cachée, le fils de Ra, Amen
hotep hiq ouast, fait des monuments grands dans *Apet Rès*. Ce sont des
merveilles qu'on ne verrait point en cherchant jamais. Accomplissant pour
son père créateur de ses splendeurs comme il a mis pour lui la terre sous ses
ordres; toutes les nations qui ne connaissaient pas l'Égypte viennent en
addition sous sa terreur, tous les pays réunis en un seul, leurs apports sur
leurs dos, présentent leurs offrandes de biens à lui avec leurs enfants. Ils se
prosternent [mot à mot, leurs nez se transportent sur le sol]. La crainte de
lui est dans leurs cœurs, comme l'unique, fils du soleil, Ma neb Ra, qui
fait sa vivification, sa stabilité, son contentement. Il gouverne la double
terre comme le soleil éternellement. »

Architrave β; inscription sur trois lignes :

Ligne I :

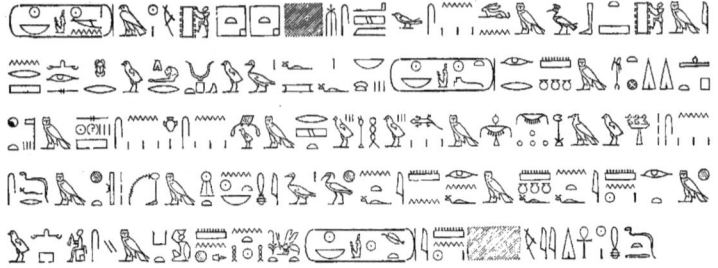

Ligne 2 :

Ligne 3 :

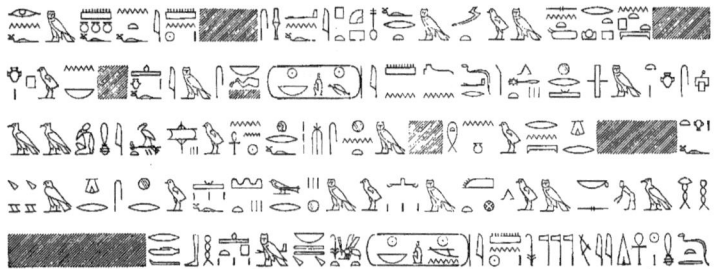

« ... Ma neb Ra, élu de Ra, dieu beau, aimé, fils aîné ... roi du Midi et du Nord, Ma neb Ra, aimé de Ra, fils de Ra, a construit des édifices ... créant ce qui leur manquait. Ce qui était (?) en brique est construit en pierre. Point faire cela arrivé autrefois. Il a donné mission à son fils qu'il aime, le seigneur des levers, Ma neb Ra, l'élu de Ra, de faire des monuments dans Thèbes, approvisionnés, à l'intérieur desquels se complaira la *paout nouteru*. Leur cœur [des dieux] se dilate de plaisir ; les tables abondent d'argent et d'or ; leurs autels sont approvisionnés de choses pures durant chaque jour. En qualité de fils glorieux du père Amon, il a fait des monuments à son père Amon Ra. Il a fait un sanctuaire auguste... en travail parfait et durable, le roi du Midi et du Nord, Ma neb Ra, l'élu de Ra, aimé d'Amon Ra... vivificateur en qualité de soleil éternel.

» ... Amen hotep hiq ouast ; il a été engendré par le dieu auguste... vivificateur en qualité de soleil. Amen hotep hiq ouast. [C'est] celui qui veille à chercher l'accomplissement de merveilles dans Thèbes pour [son] père, qui l'a établi sur le trône, Amon Ra, l'être double. Il s'est élevé en roi durable [qui ne meurt pas] pour faire ce qu'aime sa personne, fils du soleil Amen hotep hiq ouast, seigneur accomplissant des multitudes en fait de renouvellements, d'années, des quantités infinies des âges. Il a été décrété pour lui la durée d'Horus et de Set, ce qui leur appartient, leur puissance avec lui. On lui a donné la durée de Ra, la royauté du père, Toum. Auteur de l'accomplissement de l'acte merveilleux qui fait resplendir la salle *Usekht*... à neuf... faisant grande beaucoup la divine muraille en laquelle les dieux se réjouissent, le fils de Ra, Amen hotep hiq ouast, aimé d'Amon, le roi des dieux, vivificateur en qualité de soleil éternel.

» ... Ma neb Ra, l'élu de Ra, grain parfait... le roi du Midi et du Nord, Ma neb Ra, l'élu de Ra, a fait ces monuments à son père Amon Ra. Il a élevé *Apet Rès* à neuf à la similitude de l'horizon du ciel... où son cœur se complaît. Le seigneur puissant, Ma neb Ra, l'héritier de Ra, élu d'Amon aspiration des cœurs, charme qui plaît à l'âme (?) savant comme Thot. Les souffles de vie [sont] sur sa bouche ; la renaissance dans... ; le circuit du ciel est sous [la place de la face]. Les domaines d'Horus sous ses lois, les nations, les princes qui ne connaissent pas l'Égypte viennent à l'état de courbés pour implorer la bienveillance du maître des deux terres, roi du Midi et du Nord, Ma neb Ra, aimé de Ra, aimé d'Amon le souverain des dieux, vivificateur comme soleil éternel. »

Architrave β, face externe, inscription sur deux lignes [1] :

Ligne 1 :

Ligne 2 :

« ... Celui qui maintient les principes, qui met en paix les deux terres, l'Horus d'or, grand par la *Khopesch* qui bat les Asiatiques, le roi du Midi et du Nord, le seigneur auteur des choses, Ma neb Ra, aimé de Ra, fils du soleil, Amen hotep hiq ouast, foulant aux pieds les princes des nations. Point de nation qui tienne devant lui. Il va quand il triomphe, fort et puissant comme Horus, fils d'Isis, comme Ra dans le ciel; se prennent leurs places d'elles-mêmes; l'hommage est rendu par les Méridionaux en apportant toutes choses louables de leur pays. C'est le très glorieux maître des deux terres, fils du soleil, Amen hotep hiq ouast. Mentou grand par la *Khopesch* et par *Kemt* comme Horus fils d'Isis. Il a fait ses monuments à son père Amon Ra, roi des dieux. Il a fait Thèbes agrandie, agrandie pour les âges, le roi du Midi et du Nord, Ma neb Ra, l'élu de Ra, vivificateur.

---

1. De droite à gauche.

» ... Les esprits maintiennent les *Hanebou;* toutes les terres, toutes les contrées avec leurs apports, leurs enfants, leurs chevaux, de l'argent en grande quantité, de l'ivoire — on ne connaît pas les frontières qui appartiennent à ces régions [c'est-à-dire, venant de régions dont on ne connaît pas les limites] — rendent hommage au taureau puissant, à l'Horus qui se lève en vivificateur, en roi qui se renouvelle de toutes ses chutes (?), puissant, [renaissant] de lui-[même], seigneur des deux terres, Ma neb Ra, élu de Ra. [C'est] Mentou, [dieu guerrier et victorieux] parmi toutes les nations, très glorieux, dominant par sa puissance et maintenant les barbares. Il a fait son nom vainqueur parmi toutes les nations; ses rugissements faisant le tour de Naharaïn; il met la crainte dans leurs âmes; leurs cœurs tremblent étant toute terre sous sa crainte comme l'a décrété ton père... fils de Ra, Amen hotep hiq ouast, vivificateur... »

Architrave β'; inscription sur deux lignes :

Ligne 1 :

brèche large de quatre entre-colonnements

Ligne 2 :

brèche large de quatre entre-colonne-

ments (illisible).

« Celui qui met en paix les deux terres, le dieu beau, image de Ra, souverain dominateur par la *Khopesch,* agissant de ses deux mains comme seigneur de la Thébaïde... fils qui aime... taureau jeune, muni de cornes, supérieur comme fils de Nout, roi du Midi et du Nord, maître des deux terres, seigneur auteur des choses, le seigneur des levers, Ma neb Ra, l'élu de Ra, aimé d'Amon Ra, roi des dieux; il a agi en qualité de soleil éternel... C'est

Horus justicier, celui qui maintient les rebelles des frontières par la force de son glaive, son père lui a ordonné de battre les barbares...

» ... Il a relevé Thèbes à neuf, rehaussée, élargie, fait grande beaucoup, le fils légitime de Ra qui l'aime, qui maintient toutes les nations, le maître des deux terres, seigneur des levers, Amen hotep hiq ouast, aimé d'Amon Ra, roi des dieux; il a agi en qualité de soleil éternel. »

Architrave β', face externe; inscription sur deux lignes [1] :

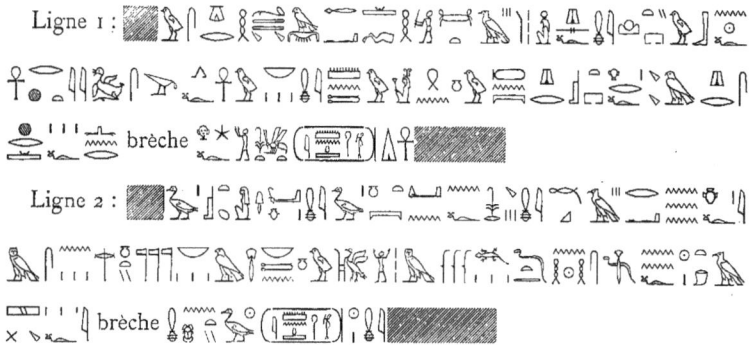

Ligne 1 : [hieroglyphs] brèche [hieroglyphs]

Ligne 2 : [hieroglyphs] brèche [hieroglyphs]

« ... Mettant en paix les deux terres, l'Horus d'or, grand par la *Khopesch,* battant les Asiatiques, Horus Ra, qui brille comme la vallée du soleil, qui se lève, vivifiant les *rêkhi,* qui guide tous les vivants comme Mentou. Le circuit du soleil est sous la place de sa face; le double domaine d'Horus est sous ses lois. Point... à l'adorer, le roi du Midi et du Nord, Amen hotep hiq ouast, vivificateur...

» ... Fils d'Isis, supérieur en qualité de fils de Nout; ont été donnés à lui les Méridionaux comme les Septentrionaux pour laver [satisfaire] son cœur sur eux; représentant de tous les dieux, épervier rayonnant de lumière, seigneur qui s'est élevé complet durant les renouvellements nombreux de l'éternité et des âges; Ra lui a transmis ses domaines... comme ce qui existe, le fils de Ra, Amen hotep hiq ouast, en qualité de soleil... »

---

1. De droite à gauche.

Fond de la cour, côté de la salle hypostyle : architrave régnant sur toute la largeur de la salle, inscription sur trois lignes affrontées au centre.

Côté droit :

Ligne 1 :

Ligne 2 :

Ligne 3 :

« Le Vivant, l'Horus, taureau puissant qui se lève en vivificateur, le maître des diadèmes, celui qui maintient les principes, qui met en paix les deux terres, le roi du Midi et du Nord, Ma neb Ra, l'élu de Ra, il a fait ses constructions à son père Amon Ra, le maître du ciel. Il a fait [cela] le roi du Midi et du Nord, Ma neb Ra, soleil puissant... comme l'horizon du ciel, en accomplissant le désir à Ma neb Ra, aimé de Ra, organisant des panégyries...

» Le Vivant, l'Horus, grand par la *Khopesch*, qui a frappé de son sceptre le Naharaïn(?) qui a abattu de son arc les... (?) toutes les terres sont sous ses sandales; fils du soleil, Amen hotep hiq ouast, fils d'Amon et son représentant. Il l'a établi en qualité de fort et de puissant, Amen hotep hiq ouast, œuf auguste du maître universel; représentant de... tous; Amen hotep hiq ouast, maintenant le mystère de son lever.

» ... Fils enfant... chef du circuit du disque solaire, roi aimé, Ma neb

Ra, l'élu de Ra, faisant des monuments grands, guidant tous les chefs des
travaux, grand par la *Khopesch*, Ma neb Ra, l'héritier de Ra, fils d'Amon
qui l'aime, faisant des monuments grands pour exprimer sa puissance, Ma
neb Ra, quatre fois vengeur de Ra, rendant la justice d'Horus, très glorieux
portant les frontières... »

Côté gauche [1] :

Ligne 1 :

Ligne 2 :

Ligne 3 :

« Le Vivant, l'Horus, taureau puissant qui se lève en vivificateur, le ferme
qui fait exister la solidité jusqu'aux régions élevées [de la construction]... le
roi du Midi et du Nord, Ma neb Ra, l'élu de Ra, veillant à chercher... de son
père qui l'a mis sur le trône; ornant sa demeure d'après l'horizon du ciel,
avec l'électrum, le lapis lazuli et le *mafek*... avec les redevances des princes

1. De droite à gauche.

de toutes les nations; le seigneur tout-puissant, Ma neb Ra, l'aimé de Ra, aimé d'Amon Ra, qui lui a fait le don de la vie en qualité de soleil éternel.

» Le Vivant, le seigneur des diadèmes qui maintient les principes, qui met en paix les deux terres, qui fait des choses merveilleuses grandement... le fils de Ra, Amen hotep hiq ouast : en cherchant ses travaux, on les trouvera sculptés, exécutés pour l'éternité; il a fait renaître [la demeure] de son père, le roi des dieux, rehaussée, élargie grandement, comme une merveille qu'on n'a jamais vue, le seigneur des deux terres, Amen hotep hiq ouast, aimé d'Amon Ra, roi du ciel, qui lui fait le don de la vie en qualité de soleil éternel.

» ... Battant les Sati, guerrier puissant des bras comme Amon Ra; le roi du Midi et du Nord, Ma neb Ra, l'héritier de Ra, se levant sur terre sans qu'on soit derrière lui; fort de cœur au moment de combattre[1]... vainqueur des Sati, se levant sur terre, le seigneur puissant, Ma neb Ra, l'élu de Ra, aimé d'Amon Ra, seigneur du ciel, qui lui a fait le don de la vie en qualité de soleil éternel. »

Une erreur de correction a altéré la traduction de l'architrave α, ligne 3 (page 5, ligne 22). Au lieu de : « vainqueur de Pad, de Thèbes, roi du Midi, etc., » il faut lire : « archer victorieux faisant acte de darder pour frapper; orné (?) en qualité de victorieux comme seigneur de la Thébaïde, roi du Midi, etc. »

Sous les scènes qui décoraient les murs de fond des portiques de la deuxième cour, une bande d'inscription courait en soubassement bordant les tableaux et en donnant la dédicace. De place en place, cette ligne est encore apparente et permet même, par la chute des stucs colorés de ses hiéroglyphes, de reconnaître des surcharges faites sous le règne de Séti Ier.

Premier fragment :

---

1. Le passage doit être altéré, le sens ne peut être dégagé : voici la traduction mot à mot : en face de l'opposant, l'adversaire lançant des pousses comme le chef (?) de faire cela, en abattant le donnant [faisant] malveillance [inimitié] à faire monter ses plans.

« ... Le roi du Midi et du Nord, souverain comme Ra, le maître de la double
terre, Usor-kheperou-ra-mer-Amen, le fils de Ra, né de son flanc, aimé de
lui, le maître des levers, Séti-mer-n-Phtah... vaillant dans toutes terres.
Le roi du Midi et du Nord, maître de la double terre, Usor-kheperou-ra-mer-
Amen, fils du soleil, maître des levers, Séti-mer-n-Phtah... [dans] la demeure d'Amon, le fils de Ra, sur le trône du roi du Midi et du Nord, Usor-
kheperou-ra-mer-Amen, fils du soleil, Séti-mer-n-Phtah, qui donne la vie. »

Deuxième fragment [4] :

« ... Amon Ra, le maître des trônes de la terre, le souverain [de Thèbes]...
aimé [d'Amon], qui donne la vie comme le soleil éternellement. »

Architraves de la salle hypostyle. — Les architraves de la salle hypostyle
sont presque toutes encore en place ; la chute des murs ouest et sud a seule
entraîné les extrémités qui leur étaient amorcées ; l'inscription de la face externe
de la première d'entre elles figure parmi les textes de la deuxième cour, sa
face interne porte l'inscription suivante :

Côté gauche de la nef centrale de l'hypostyle ; inscription sur deux lignes [5] :

Ligne 1 : [hieroglyphs] [6]

1. Sous le signe [glyph] apparaissent les débris du signe ☉.
2. Sous le groupe [glyph] apparaissent les débris du groupe [glyph].
3. La lecture est sans doute [glyph].
4-5. De droite à gauche.
6. Forme de [glyph].

Ligne 2 : [hieroglyphs]
[hieroglyphs]

« Le Vivant, l'Horus, taureau puissant qui se lève en vivificateur, le ferme qui fait exister la solidité jusqu'aux régions élevées [de la construction], seigneur des diadèmes qui maintient les principes, qui affermit les deux terres. Brille l'œuvre de ses deux mains comme l'horizon [éclairé par le soleil]. L'Horus d'or, grand par la *Khopesch,* vainqueur des Sati, brillant doublement[1] comme Amon, le roi du Midi et du Nord, Ma neb Ra, l'héritier de Ra, qui donne la vie.

» Il a fait ses monuments à son père... il a élevé [*Apet*] à neuf, rehaussée, élargie grandement en pierre, se dressant en travail [de construction] éternel, il a fait [cela] le fils du soleil, Amen hotep hiq ouast. »

Côté droit, inscription sur deux lignes :

Ligne 1 : [hieroglyphs]
[hieroglyphs]

Ligne 2 : [hieroglyphs]
[hieroglyphs]

« Le Vivant, l'Horus, taureau puissant qui se lève en vivificateur, seigneur des diadèmes qui maintient les principes, qui met en paix les deux terres, l'Horus d'or, grand par la *Khopesch,* vainqueur des Asiatiques ; le roi du Midi et du Nord, Ma neb Ra, élu de Ra, fils du soleil, Amen hotep hiq ouast, a fait ses monuments à son père Amon, seigneur du ciel dans [*Apet*] *Rès.*

» Il a élevé [*Apet*] à neuf en belle pierre de grès, rehaussée, grandement

1. Par allusion aux deux plumes qui brillent sur la tête d'Amon.

élargie, ornée de... elle est remplie de toutes sortes de pierres précieuses...
fixée la place du seigneur... l'habitant du ciel qui donne la vie. »

Deuxième architrave, côté de la cour, inscription sur deux lignes [1] :
Côté gauche.

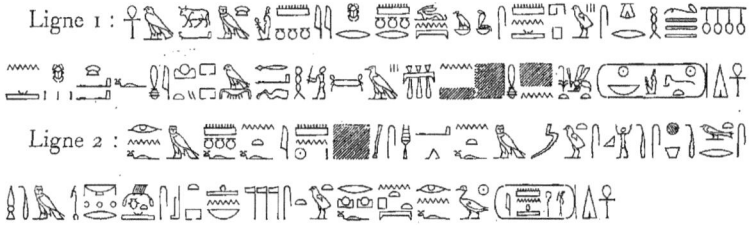

Ligne 1 : [hieroglyphs]

[hieroglyphs]

Ligne 2 : [hieroglyphs]

[hieroglyphs]

« Le Vivant, l'Horus, taureau puissant qui se lève en vivificateur, le ferme
qui fait exister la solidité jusqu'aux régions élevées [de la construction],
seigneur des diadèmes qui maintient les principes, qui met en paix les deux
terres; brillants sont ses levers comme ceux de *Khuti;* l'Horus d'or, grand
par la *Khopesch,* vainqueur des *Sati,* brillant... comme... Le roi du Midi
et du Nord, Ma neb Ra, l'élu de Ra, qui donne la vie.

» Il a fait ses monuments pour son père Amon Ra; il a élevé à nouveau...
à neuf, rehaussée, élargie grandement, ornée d'électrum à sa satisfaction;
place agréable au seigneur des dieux, faite à l'image de son double horizon
du ciel, qu'a faite pour lui le fils du soleil, Amen hotep hiq ouast, qui donne
la vie. »

Côté droit, inscription sur deux lignes :

Ligne 1 : [hieroglyphs]

[hieroglyphs]

---

1. De droite à gauche.
2. Peut-être faut-il lire [hieroglyphs]; certes ! [handwritten notes]
[handwritten notes]

Ligne 2 : [hiéroglyphes]

« Le Vivant, l'Horus, taureau puissant qui se lève en vivificateur, le seigneur des diadèmes qui maintient les principes, qui met en paix les deux terres, l'Horus d'or, grand par la *Khopesch,* vainqueur des Sati, le dieu bon qui dilate les cœurs, seigneur puissant. Certes, la terre est en sa puissance, roi du Midi et du Nord, Ma neb Ra, l'élu de Ra...

» Le Vivant, le dieu bon, Ma neb Ra, qu'adore la terre à l'Occident du ciel; le fils de Ra, Amen hotep hiq ouast, le roi qui veille l'esprit de celui qui l'a fait naître; Amon l'a établi sur son trône, dieu (?) qui se renouvelle, sortant de la chair divine. »

Seconde face, côté gauche, inscription sur deux lignes [2] :

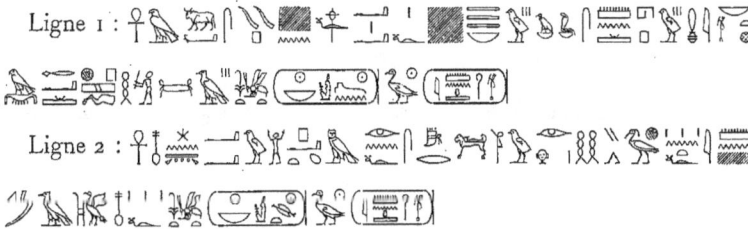

Ligne 1 : [hiéroglyphes]

Ligne 2 : [hiéroglyphes]

« Le Vivant, l'Horus, taureau puissant pourvu de cornes, vainqueur (?) de qui fait obstacle à ses bras... toutes les terres; le maître des diadèmes qui maintient les principes comme seigneur de la Thébaïde; l'Horus d'or, grand par la *Khopesch,* le roi du Midi et du Nord, l'élu de Ra, fils du soleil, Amen hotep hiq ouast.

» Le Vivant, le dieu bon que la terre adore et que le genre humain acclame dans ses œuvres; couché, il veille à chercher les lumières du père Amon, auteur de sa splendeur; le roi du Midi et du Nord, Ma neb Ra, l'héritier de Ra, fils du soleil, Amen hotep hiq ouast. »

1. [hiéroglyphe] semble une faute; il faudrait [hiéroglyphe].
2. De droite à gauche.

Côté droit, inscription sur deux lignes :

Ligne 1 : [hieroglyphs]

[hieroglyphs]

Ligne 2 : [hieroglyphs]

[hieroglyphs]

« Le Vivant, l'Horus, taureau puissant qui se lève en vivificateur, le ferme qui fait exister la solidité jusqu'aux régions élevées [de la construction], seigneur des diadèmes, qui maintient les principes, qui met en paix les deux terres; brillants sont ses levers comme ceux de Khuti; l'Horus d'or, grand par la *Khopesch,* vainqueur des Sati, brillant comme Amon, le roi du Midi et du Nord, Ma neb Ra, qui donne la vie.

» Il a fait ses monuments pour son père Amon Ra; il a élevé [*Apet*] à neuf, rehaussée, élargie grandement, ornée d'électrum selon son cœur; place agréable au seigneur des dieux; faite à l'image de son double horizon du ciel, qu'a faite pour lui le fils du soleil, Amen hotep hiq ouast, qui donne la vie. »

Côté gauche, inscription sur deux lignes [1] :

Ligne 1 : [hieroglyphs]

[hieroglyphs]

Ligne 2 : [hieroglyphs]

[hieroglyphs]

[hieroglyphs]

---

1. De droite à gauche.

« ... Érigé... à neuf, rehaussée, élargie grandement en pierre, érigé en travail impérissable.

» [Il a] fait Apet à neuf... agrandissant la place de son cœur où il se complaît... très grandement; assurant... monuments; dirigeant les travaux dans la demeure d'Amon, le roi du Midi et du Nord Amen hotep hiq ouast qui donne la vie. »

(Trop de lacunes coupent la ligne 2 pour qu'il soit possible de donner une traduction suivie.)

Troisième architrave, côté de la cour, inscription sur deux lignes [1] :
Côté gauche.

Ligne 1 :

Ligne 2 :

« Le Vivant, l'Horus, taureau puissant qui se lève en vivificateur, seigneur des diadèmes, qui maintient les principes, qui met en paix les deux terres, l'Horus d'or, grand par la *Khopesch*, vainqueur des Sati, le dieu bon... monuments dans la demeure d'Amon Ra, le maître des deux terres, seigneur auteur des choses, aimé comme celui qui l'a fait le maître, le roi du Midi et du Nord, Ma neb Ra, l'élu de Ra, qui donne la vie.

» Il a fait ses monuments à son père Amon; il a fait [Thèbes, Apet] à neuf de toutes pierres précieuses présentées comme redevances de toutes les contrées qu'il lui a transmises [ainsi que] toutes les terres en qualité de soleil éternel... sur son trône, il a fait [cela], le fils de Ra, Amen hotep hiq ouast, qui donne la vie. »

---

1. De droite à gauche.

Côté droit, inscription sur deux lignes :

Ligne 1 : [hieroglyphs]

Ligne 2 : [hieroglyphs]

« Le Vivant, l'Horus, taureau puissant qui se lève en vivificateur, le roi rajeuni par les transformations et semblable à son auteur; seigneur des diadèmes, aimé d'Amon Ra, l'Horus d'or, grand par la *Khopesch,* grand et mémorable par les merveilles dans la demeure de son père Amon Ra qui lui a transmis le trône de Seb et la dignité...

» Le Vivant, le dieu bon, l'élu de Ra, le représentant de l'habitant de la Thébaïde, élevé par la déesse *Usert* dans son enfance, pour être chef de l'évolution du disque solaire; le roi du Midi et du Nord, Ma neb Ra, fils de Ra, Amen hotep hiq ouast a fait ses monuments à son père Amon Ra; il a fait la demeure divine à neuf... »

Face interne, côté gauche, inscription sur deux lignes [1] :

Ligne 1 : [hieroglyphs]

Ligne 2 : [hieroglyphs]

« Le Vivant, l'Horus, taureau puissant qui se lève en vivificateur, le roi du Midi et du Nord, de Rès et de Kéma, qui affermit l'*Atef*... Toum,

_____

1. De droite à gauche.

Khépra sa durée; multitudes en fait d'années, le roi du Midi et du Nord, seigneur auteur des choses, maitre des deux terres, Ma neb Ra, l'aimé de Ra, fils de Ra, Amen hotep hiq ouast.

» Le Vivant, le dieu bon, fils d'Amon, en qui s'incarne Thèbes, le représentant de celui en qui s'incarne la Thébaïde, roi qui se renouvelle comme le soleil dans la vallée éclairant la plaine après être sorti du Noun, se levant lumineux comme le soleil enveloppé de son rayonnement d'électrum, celui qui rappelle son père auguste... »

Côté droit, inscription sur deux lignes :

Ligne 1 :

Ligne 2 :

« Le Vivant, l'Horus, taureau puissant qui se lève en vivificateur, le ferme qui fait exister la solidité jusqu'aux régions supérieures [de la construction], le seigneur des diadèmes qui maintient les principes, qui affermit les deux terres; brille l'œuvre de ses deux mains comme l'horizon [éclairé par le soleil], l'Horus d'or, grand par la *Khopesch,* vainqueur des Sati. Brille... le roi du Midi et du Nord, Ma neb Ra, élu de Ra, qui donne la vie.

» Il a fait ses monuments à son père Amon Ra, le souverain des dieux. Il a élevé [Apet] à nouveau, rehaussée, élargie grandement, ornée d'or jusqu'à sa plénitude; place agréable au seigneur des dieux, faite à l'image de son horizon du ciel, qu'a faite pour lui le fils du soleil, Amen hotep hiq ouast, qui donne la vie. »

4

Quatrième architrave, côté de la cour, inscription sur deux lignes, côté gauche [1] :

Ligne 1 : [hieroglyphs]

Ligne 2 : [hieroglyphs]

« Le Vivant, l'Horus, taureau puissant qui se lève en vivificateur, le seigneur des diadèmes, qui maintient les principes, qui affermit les deux terres, l'Horus d'or, grand par la *Khopesch,* vainqueur des Sati de la montagne(?) Le roi du Midi et du Nord, Ma neb Ra, l'aimé de Ra, le fils du soleil, aimé d'Amon, qui pacifie les cœurs.

» Le Vivant, le dieu bon, fils aimé d'Amon, œuf sacré, porteur de l'arc (?), le roi du Midi et du Nord, maître de la double terre, Ma neb Ra, l'héritier de Ra, fils du soleil, Amen hotep hiq ouast. Il a fait ses monuments à son père Amon Ra; il a fait la demeure divine à neuf, disposée comme l'horizon du ciel; c'est la place de son cœur... »

Côté droit, inscription sur deux lignes :

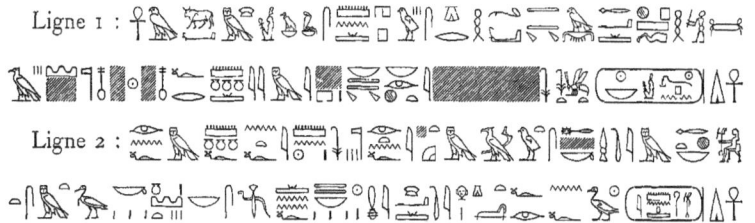

Ligne 1 : [hieroglyphs]

Ligne 2 : [hieroglyphs]

« Le Vivant, l'Horus, taureau puissant qui se lève en vivificateur, le

---

1. De droite à gauche.

seigneur des diadèmes, qui maintient les principes, qui affermit les deux terres; l'Horus d'or, grand par la *Khopesch,* vainqueur des Sati de la montagne, le dieu bon... beaux monuments de... maître des deux terres, seigneur auteur des choses... le roi du Midi et du Nord, l'élu de Ra, Ma neb Ra, qui donne la vie.

» Il a fait ses monuments à son père Amon Ra, le seigneur des dieux; il a fait Apet à neuf, ornée de toutes pierres précieuses, présentées comme redevances de toutes les nations qui lui ont été transmises ainsi que toutes les terres en qualité de soleil se levant sur son trône; il a fait cela, le fils du soleil, Amen hotep hiq ouast, qui donne la vie. »

Face externe, inscription sur deux lignes, côté gauche [1] :

Ligne 1 :

Ligne 2 :

« Le Vivant, l'Horus, taureau puissant qui se lève en vivificateur et en véridique, le seigneur des diadèmes, qui maintient les principes, qui met en paix les deux terres, l'Horus d'or, grand par la *Khopesch,* vainqueur des Sati, le dieu bon qui dilate les cœurs, seigneur puissant. Certes, la terre est en sa puissance, le roi du Midi et du Nord, Ma neb Ra, l'élu de Ra...

» Le Vivant, le dieu bon, Ma neb Ra, aimé de Ra, qu'adore la terre à l'Occident du ciel; le fils de Ra, Amen hotep hiq ouast, le roi qui veille sur esprit de celui qui l'a fait naître. Amon l'a établi sur son trône, dieu qui se renouvelle, sortant de la chair divine. »

1. De droite à gauche.
2. est probablement pour ; certant *problem*
3. est probablement pour .

Côté droit, inscription sur deux lignes :

Ligne 1 : [hieroglyphs]

[hieroglyphs]

Ligne 2 : [hieroglyphs]

[hieroglyphs]

« Le Vivant, l'Horus, taureau puissant qui se lève en vivificateur, le roi rajeuni par les transformations, semblable à son auteur, seigneur des diadèmes, aimé comme Amon Ra, l'Horus d'or, grand par la *Khopesch,* grand et mémorable par les merveilles dans la demeure de son père Amon Ra, qui lui a transmis le trône de Seb et la dignité...

» Le Vivant, le dieu bon, en qui s'incarne Thèbes, élevé par la déesse *Usert* dans son enfance pour être chef de l'évolution du disque solaire; le roi du Midi et du Nord, Ma neb Ra, l'élu de Ra, fils du soleil, Amen hotep hiq ouast, a fait ses monuments à son père Amon Ra; il a fait la demeure divine à neuf... »

Nef centrale de la salle hypostyle. — Architrave de droite, inscription sur deux lignes :

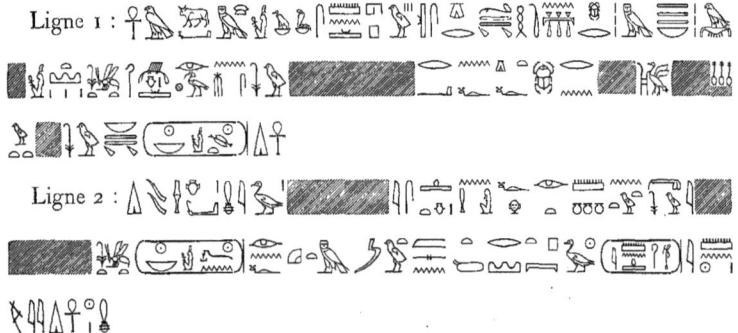

Ligne 1 : [hieroglyphs]

[hieroglyphs]

[hieroglyphs]

Ligne 2 : [hieroglyphs]

[hieroglyphs]

[hieroglyphs]

« Le Vivant, l'Horus, taureau puissant qui se lève en vivificateur, qui maintient les principes, qui affermit les deux terres; brillent ses œuvres sur toutes terres, l'Horus d'or... le roi du Midi et du Nord, le chef qui dilate le cœur, faisant la gloire de celui qui l'a fait naître... il a mis son trône... maître des deux terres, Ma neb Ra, l'héritier de Ra, qui donne la vie.

» Muni de cornes, éminent comme fils... Est doux au cœur de sa majesté d'élever des monuments à celui qui l'a fait naître; le roi du Midi et du Nord, Ma neb Ra, l'élu de Ra, a fait Apet à neuf en similitude avec l'horizon du ciel; le fils du soleil, Amen hotep hiq ouast, l'aimé d'Amon, qui donne la vie comme le soleil. »

Architrave de gauche, inscription sur deux lignes[1] :

Ligne 1 :

Ligne 2 :

« Le Vivant, l'Horus, taureau puissant qui se lève en vivificateur, le seigneur des diadèmes, qui maintient les principes, qui affermit les deux terres... le roi du Midi et du Nord, Ma neb Ra, l'élu de Ra...

» Il a réédifié Apet à neuf, rehaussée, élargie, embellie grandement... l'habitant du ciel qui fait le don de la vie. »

Petite architrave de la nef centrale, inscription sur deux lignes[2] :

Ligne 1 :

Ligne 2 :

1-2. De droite à gauche.

« Le Vivant, l'Horus, taureau puissant qui se lève en vivificateur, le
seigneur des diadèmes, qui maintient les principes.

» A élevé une demeure divine, vénérable, en belle pierre de grès. »

L'ensemble de ces inscriptions prête matière à toute une série de recherches.
Certaines formules ont, au point de vue religieux, un intérêt particulier et
rentrent de ce fait dans l'étude du symbolisme des peintures du temple.
D'autres, pour l'histoire, ne sont pas moins précieuses et nous fixent sur
l'importance qu'on attachait alors à la reconstruction du monument; enfin,
les données archéologiques qu'il est possible d'en tirer peuvent servir à
l'histoire de l'art de bâtir en Égypte. Dans l'étude générale de symbolisme,
d'histoire et d'archéologie qui clora ce travail, j'envisagerai tout à l'heure
chacune de ces trois données et me bornerai à faire remarquer en passant que
l'enthousiasme des panégyristes du monarque les a conduits à plus d'une
phrase qui, à l'examen, ne reste pas une minute debout; celle qui semble dire
que le temple était primitivement bâti en briques et que sa réédification en
bonne pierre dure était une œuvre remarquable, comme jamais il n'avait été
donné d'en voir, par exemple; les fouilles ayant mis à jour des fragments
d'architrave de granit rose portant des légendes de Sébek hotep et établissant,
à n'en pas douter, que dès l'époque de la XIIᵉ dynastie, le temple avait un
sanctuaire de granit. Que la construction d'Aménophis III n'ait été qu'une
réédification, cela ne laisse place à aucun doute, tous les temples égyptiens
occupant des places consacrées par la légende mythique, places où s'étaient
élevés les monuments primitifs des *Shesou-Hor*. Mieux que des suppositions,
nous avons les passages relatés dans les inscriptions qui nous disent ce
qu'avaient été ces temples primitifs, et mieux encore, les vestiges anciens qui
nous sont parvenus. Mais Aménophis III, en roi constructeur qu'il était, paraît
s'être plus occupé d'éblouir la terre que de respecter les plans des ancêtres; il
« a refait la demeure divine à neuf, rehaussée, agrandie, ornée de pierres
précieuses... etc., » sans autre souci que celui de veiller à ce qu'elle
soit conforme à l'horizon de la montagne solaire dans son rayonnement
d'électrum.

TABLEAUX DE LA DEUXIÈME COUR ET DE L'HYPOSTYLE

Deuxième cour. — Les murs de fond des portiques de la deuxième cour, presque tous détruits, n'ont plus une seule scène complète; le mur ouest a disparu ; au mur est, à peine distingue-t-on encore de place en place les pieds de quelques personnages, sans jamais avoir le moindre indice sur le sens de la composition. Ce qu'il reste d'hiéroglyphes forme la toute dernière phrase de l'inscription ; c'est l'éternelle formule: « . . . Qui fait vivification comme le soleil éternellement. »

Au nord, le registre inférieur laisse encore deviner quelques scènes qu'il est possible de reconstituer, à la légende et au détail de la coiffure près. Quatre sont à peu près complètes.

Côté gauche de la porte de communication avec la grande colonnade :

Fig. 1. Le Pharaon en présence d'Amon; il est suivi d'une divinité dont on ne voit plus que les mains; légende effacée.

Fig. 2. Côté droit de la porte. Le geste des mains est seul visible; inscription: « . . . Santé, dilatation de cœur comme le soleil chaque jour. »

Fig. 3. Reconstitution d'une scène dont toutes les inscriptions sont détruites.

Fig. 4. Reconstitution d'une scène dont toutes les inscriptions sont détruites.

SALLE HYPOSTYLE

Un seul mur de la salle hypostyle subsiste dans son entier, le mur est; les arasements des deux autres — sud et ouest — donnent la liste des provinces qui, sous Aménophis, formaient la double royauté d'Égypte. Le nom de beaucoup a disparu, mais le tout n'en constitue pas moins la seule composition qui, dans son ensemble, s'étendait au pourtour de la salle entière; la voici aussi complète que possible :

Mur est, entablement de la porte, scène affrontée:

Fig. 5. Aménophis suivi d'un Api présentant à Amon des branches de lotus, symbole des vivifications qui vont s'accomplir par son entremise.

Légende. — Autour du roi : « Offrandes de belles plantes qui font vivification; le roi du Midi et du Nord, Ma neb Ra, fils de Ra, Amen hotep hiq ouast, qui donne la vie comme le soleil. »

Au-dessus de l'Api. « Discours : — Je t'apporte toutes les choses, tous les vivres que donne le ciel et que produit la terre. »

Autour d'Amon. « Discours : — Je t'ai donné le bien-être, je t'ai donné des panégyries nombreuses. Amon Ra, le maître des trônes de la terre, le pasteur de Thèbes. »

Fig. 5 *bis*. Même représentation en ordre inverse: répétition des mêmes légendes.

Liste des nomes :

Fig. 6. Inscription initiale ; nome de 𓏤.

Légende. « Restauration du monument faite par le roi du Midi et du Nord, Men ma Ra, dans la demeure de son père Amon Ra, le fils de Ra, Séti mer n Pthah, qui donne la vie comme le soleil éternellement. »

Cette légende a été usurpée par Séti, ainsi que celle de plusieurs autres nomes.

Fig. 7. Nome de 𓃥.

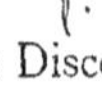

Légende. « Discours : — ... Sur mes deux mains, ton fils, le maître de la double terre, Ma neb Ra, qui donne la vie comme Ra. »

Fig. 8. Nome de 𓈖.

Légende. « Discours: — Je t'apporte les liquides... sortes de... sur mes deux mains... sur mes deux mains: ton fils Ma neb Ra... »

Fig. 9. Nome de 𓃻.

Légende. « Discours : — Je t'apporte les *hotepou* et les *t'éfaou;* toutes choses sur mes deux mains, ton fils aimé; aimé de toi, Amen hotep hiq ouast... »

Fig. 10. Nome de 𓃝.

Légende. « Discours: — Je t'apporte des multitudes... sur mes deux mains; ton fils, maître de la double terre, Ma neb Ra, qui donne la vie comme Ra. »

Fig. 11. Nome de ⟨hieroglyph⟩.

Légende. « Discours : — Je t'apporte... *hotepou, t'éfaou*... sur mes deux mains; ton fils... »

Fig. 12. Nome de ⟨hieroglyph⟩.

Légende. « Discours : — Je t'apporte toute vie prospère, tout bien-être, toute satisfaction de cœur sur mes deux mains; ton fils, maître des levers, Ma neb Ra, qui donne la vie comme Ra. »

Fig. 13. Nome de ⟨hieroglyph⟩.

Légende. « Discours : — Je t'apporte les vivres; les *hotepou* et les *t'éfaou* sur mes deux mains; ton fils aimé, Amen hotep hiq ouast... éternellement. »

Fig. 14. Nome de ⟨hieroglyph⟩.

Légende. « Discours : — Je t'apporte toutes choses bonnes et pures, toutes sortes de végétaux sur mes deux mains; ton fils, maître des levers, Amen hotep hiq ouast... éternellement. »

Fig. 15. Nome de ⟨hieroglyph⟩.

Légende. « Discours : — Je t'apporte... plantes... sur mes deux mains; ton fils, maître de la double terre, Ma neb Ra, qui donne la vie comme Ra. »

Fig. 16. Nome de ⟨hieroglyph⟩.

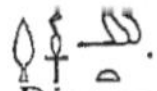

Légende. « Discours : — Je t'apporte quantité et multitude de toutes sortes de fleurs et de produits sur mes deux mains : ton fils, maître des levers, Amen hotep hiq ouast, semblable à Ra éternellement. »

Fig. 17. Nome de ⟨hieroglyph⟩.

Légende. « Discours : — Je t'apporte les vivres, les *t'éfaou* sur mes deux mains; ton fils, maître de la double terre, Ma neb Ra, qui donne la vie comme Ra. »

Fig. 18. Nome de ⟨hieroglyph⟩.

Légende. « Discours : — Je t'apporte toutes sortes de végétaux bons et purs; toutes choses sur mes deux mains; ton fils, maître des levers, Amen hotep hiq ouast, semblable à Ra éternellement. »

Fig. 19. Nome de ⟨hieroglyph⟩.

Légende. « Discours : — Je t'apporte les vivres... ton fils, maître de
la double terre, Ma neb Ra, qui donne la vie comme Ra. »

Fig. 20. Nome de ⟨hieroglyph⟩.

Légende. « Discours : — Je t'apporte toutes choses... sur mes deux
mains ; ton fils, maître de la double terre, Ma neb Ra, qui donne la vie
comme Ra. »

Mur Sud. — Côté gauche de la porte :

Fig. 21. Légende initiale. — « Apport de tous les végétaux, de toutes les provisions des gouvernements du Sud, de tout ce qui fait la vie, le bien-être,
la force ; Ma neb Ra, donnant la vie éternellement. — Discours : — Je
t'apporte la récolte de ce qu'il y a de bon et de pur deux fois avec moi
sur mes deux mains ; ton fils aimé, Ma neb Ra, qui donne la vie comme
Ra éternellement. »

Fig. 22. Nome de...

Légende. « Discours : — Je t'apporte les vivres et les *t'éfaou* sur mes
deux mains ; ton fils, maître des levers, Amen hotep hiq ouast. »

Fig. 23. Nome de...

Légende. « Discours : — Je t'apporte les *hotepou* et les plantes qui
sont sur la terre, sur mes deux mains ; ton fils... Ma neb Ra...»

Fig. 24. Nome de...

Légende. « ...parfums sur mes deux mains... Amen hotep hiq
ouast. »

Fig. 25. Nome de ⟨hieroglyph⟩.

Légende. « Discours : — Je t'apporte les parfums du *Ta Nuter*, à
l'odeur délicieuse, avec moi, sur mes deux mains ; ton fils aimé, le maître
de la double terre ; Ma neb Ra, qui donne la vie comme Ra. »

Fig. 26. Nome de...

Légende. « Discours : — Je t'apporte toutes choses bonnes et pures,
fruits et plantes sur mes deux mains... Amen hotep hiq ouast. »

Fig. 27. Nome de...

Légende. « Discours : — Je t'apporte les vivres et les *t'éfaou* avec
moi, sur mes deux mains ; l'aimé de toi, le maître de la double terre, Ma
neb Ra, semblable à Ra. »

Fig. 28. Nome de...

Légende. « Discours : — Je t'apporte toutes choses, toutes les belles plantes avec moi, sur mes deux mains ; ton fils, Amen hotep hiq ouast, semblable à Ra. »

Fig. 29. Nome de ⚇.

Légende. « Discours : — Je t'apporte tout... toutes les belles plantes qui sont sur la terre sur mes deux mains ; l'aimé de toi, maître de la double terre, Ma neb Ra... »

Côté droit de la porte :

Fig. 30. Légende initiale. — « Tous les champs des pays étrangers, vivres de toutes sortes, provisions de toutes sortes... multitudes de multitudes d'infinités. — Discours : — Je t'apporte toutes les choses bonnes et pures qui sont dans le ciel ou qui sont sur la terre sur mes deux mains ; ton fils aimé de toi... Ma neb Ra, qui donne la vie comme Ra. »

Fig. 31. Nome de...

Légende. « Discours : — Je t'apporte toutes les plantes bonnes et pures qui sont sur terre, sur mes deux mains ; ton fils, le maître de la double terre, Ma neb Ra... »

Fig. 32. Nome de...

Légende. « Discours : — Je t'apporte toutes les belles plantes, toutes les choses... sur mes deux mains ; ton fils, maître des levers, Amen hotep hiq ouast... »

Fig. 33. Nome de ⚇⚇.

Légende. « Discours : — Je t'apporte toutes les choses bonnes et pures... sur mes deux mains ; ton fils, le maître de la double terre, Ma neb Ra. »

Fig. 34. Nome de ⚇.

Légende. « Discours : — Je t'apporte... sur les deux mains de ton fils, le maître des levers, Amen hotep hiq ouast... »

Fig. 35. Nome de ⚇⚇.

Légende. « Discours : — Je t'apporte tous les vivres et toutes les provisions douces... sur les deux mains de ton fils, le maître des levers, Amen hotep hiq ouast... »

Fig. 36. Nome de ⸢𓏤𓈖𓎺⸣.

Légende. « Discours : — Je t'apporte tous les parfums à l'odeur délicieuse avec moi, sur les deux mains de ton fils, le maître des deux terres, Ma neb Ra. »

Fig. 37. Nome de ⸢𓈖𓏤⸣.

Légende. « Discours : — Je t'apporte tous les vivres et toutes les provisions... sur les deux mains de ton fils, le maître de la double terre, Amen hotep hiq ouast. »

Fig. 38. Nome de ⸢𓈖𓏤⸣.

Légende. « Discours : — Je t'apporte... sur les deux mains de ton fils, le maître des levers, Ma neb Ra... »

Fig. 39. Nome de ⸢𓏤⸣.

Légende. « Discours : — Je t'apporte tous les parfums à l'odeur délicieuse de Pount sur les deux mains... Ma neb Ra... »

Fig. 40. Nome de ⸢𓏤⸣.

Légende. « Discours : — Je t'apporte toutes les belles plantes odorantes, toutes choses sur les deux mains de ton fils, le maître de la double terre, Amen hotep hiq ouast... »

Trois erreurs se sont glissées dans les corrections de la liste des nomes :

Au lieu de : Fig. 6, nome de 𓏤, *lire* 𓏤 .

Fig. 9, nome de 𓏤, *lire* 𓏤.

Fig. 10, nome de 𓏤, *lire* 𓏤 𓏤.

Au mur ouest, on aperçoit encore les fragments de la légende initiale d'un troisième tableau de seize figures de nomes, trop mutilées pour qu'il soit possible de les relever efficacement, ce qui donne un total de quarante-neuf provinces.

La liste de ces nomes, gravée à n'en pas douter sous le règne d'Amen hotep III, a été usurpée par Séti Ier. Son prénom royal, Men ma Ra, placé sous la première colonne de la légende du mur sud, côté gauche de la porte, laisse encore voir quelques traces des signes qu'il a recouverts. Son cartouche-nom est mieux surchargé, mais les martelages ne laissent plus aucun doute à la ligne d'inscription placée tout autour de la salle sous les divers tableaux ; cette dernière usurpation est de Séti II.

Voici les inscriptions des murs est et ouest ; de nombreux signes de l'inscription primitive d'Aménophis sont encore apparents sous les surcharges de Séti ; on en trouvera la liste aux annotations.

Mur est, inscription sur une ligne (*de droite à gauche*) :

« Le Vivant, l'Horus, taureau aimé de Ra, le seigneur des diadèmes protégeant l'Égypte, comprimant les régions étrangères du Sud... de toutes terres... Le roi du Midi et du Nord, le chef des neuf arcs, maître de la *Khopesch,* seigneur auteur des choses, maître de la double terre, Usor kheperou Ra mer-Amen, le fils de Ra, né de son flanc et aimé de lui, le maître des levers, Séti-mer-n-Phtah, aimé d'Amon, le seigneur de Nestaouï, qui réside dans Apet, qui donne la vie comme le soleil. »

Mur ouest :

1. Dans la lacune, entre ⌒ et ⟍≡, on distingue les signes ⌐ ⌐ . Le pluriel est sous ⌒ ; le ⟍, en partie engagé sous ⟍ .
2. Sous le ☐ de ● ☐ apparaît le ☉.
3. Entre ⌣ et ≡ on voit encore ⌒⌒⌒.
4. Sous ⌐ ☉ ⌒⌒⌒ on voit encore ⌐ ⌐ .
5. Entre ☒ et ||| on voit encore ⬤⟶.
6. Sous le ⌒ de ☐ ℥ apparaît le ☉.
7. Sous le ☐ de ℥ ☐ on voit encore ℥.

« Le Vivant, l'Horus, taureau aimé de Ra, le seigneur des diadèmes
protégeant l'Égypte, comprimant les régions étrangères du Sud ; le roi
du Midi et du Nord, Usor-Kheperou-Ra mer-Amen, le fils de Ra, Séti-
mer-n-Phtah, grand par la vaillance dans toutes les contrées, le roi du
Midi et du Nord, l'élu d'Amon, le maître de la double terre, Usor-Kheperou-
Ra mer-Amen, le fils de Ra, seigneur des levers, Séti-mer-n-Phtah, aimé
d'Amon. »

Dans toutes les inscriptions qui précèdent, j'ai traduit ▽ par maître des
levers, alors qu'on transcrit généralement par maître des diadèmes, pour des
raisons que j'exposerai plus loin, mais qu'il me faut néanmoins expliquer ici
en quelques mots, ne fût-ce que pour rendre plus compréhensible l'étude
symbolique des scènes qui ornent le mur de l'hypostyle.

L'hypostyle était, — on l'admet généralement aujourd'hui, ce qui me
dispense d'entrer dans une discussion critique, — la place qui marquait la
frontière du monde extérieur et du ciel du temple ; le lieu de transition où
l'humanité du souverain se dépouillait dans les cérémonies du culte, avant de
revêtir entièrement les attributs de la divinité. C'était là que, dans le système
panthéiste de la religion égyptienne, le Pharaon procédait aux rites qui avaient
pour but d'élever vers le ciel les éléments des existences dissoutes. Les provinces présentaient des offrandes inertes, animaux ou végétaux, dont la vie
s'était retirée ; le rite n'avait pour but que de réunir les atomes épars de ces
existences et de les faire monter vers Amon, pour que, ranimés par le dieu,
réchauffés, dans les profondeurs de l'Amenti, ils aillent de nouveau faire
vivification, animer des existences nouvelles, des êtres nouveaux[2]. A la
salle hypostyle, le souverain est avant tout l'intermédiaire entre le monde et la
divinité, tout doit passer par ses mains. Ces offrandes qu'apporte « la terre
entière », les provinces, les nations « qui ne connaissent point l'Égypte »,

---

1. Sous [hieroglyph] on voit encore [hieroglyph].
2. Ph. VIREY, *La Tombe de Rekhmara*, l'*Épisode d'Aristée* et la *Notice sur les sarcophages des prêtres
d'Amon.*

c'est lui qui doit les présenter aux dieux. Son titre est donc avant tout celui de maître des levers ; il *élève* les parcelles désagrégées de la vie universelle vers le pouvoir mystérieux qui maintient l'équilibre des choses ; en retour, ce pouvoir se trouve lui être délégué par la personnalité divine qui veille aux métamorphoses des renouvellements.

Mais ce mot de *lever* prend au delà de l'hypostyle un autre sens que je m'efforcerai d'établir dans l'étude du mythe d'Amon générateur, du rôle du roi dans ce mythe et du symbolisme des tableaux où il est retracé. En attendant, je vais essayer de le résumer en quelques mots.

Toute la partie du temple, comprise entre la cour et le sanctuaire, peut être considérée comme faisant partie de l'*Ousekht*. Dans les grands temples, tels que celui de Louxor, cette partie se subdivise en trois salles bien distinctes qui jamais ne se confondent : la salle hypostyle ; la salle des *Offertoires* ou salle *Hotep* et la salle du *Lever* ou *Ousekht-kha*.

L'*Ousekht* comprend alors : 1° la présentation des offrandes (salle hypostyle) ; 2° la consécration des offrandes (salle des *Offertoires* ou salle *Hotep*) ; 3° le *lever* de la divinité venant vivifier les offrandes consacrées (salle du *Lever* ou *Ousekht-kha*). La salle hypostyle est donc la partie de l'*Ousekht* où avait lieu l'introduction des offrandes ; la salle des *Offertoires* (salle *Hotep*), l'espace défini où on les déposait pour prononcer sur elles les paroles consécratoires ; la salle du *Lever*, celle où elles étaient vivifiées par l'action génératrice du dieu.

C'est dans ces deux dernières salles que le mot *lever* prend une signification singulière, que je ne saurais mieux indiquer qu'en traduisant *ousekht-kha* par salle du *lever* ou salle des *érections*. Toutes les représentations de cette salle ont, en effet, un caractère générateur que soulignent des images ithyphalliques. Par des cérémonies mystiques, le roi détermine l'érection du dieu et les atomes de la vie universelle, présentés en offrandes, d'abord introduits à l'hypostyle, puis consacrés à la salle *Hotep*, sont alors fécondés par lui. C'est le *lever* d'Amon debout sur son pavois ; son érection qui se manifeste en même temps que la flamme, symbole de vie, s'élève sur la cassolette que tend vers lui le roi et tout le mystère par lequel se prépare la renaissance ; et cette renaissance est bien celle de « toutes choses », ainsi que disent les textes ; le dieu féconde les principes de vie végétale ou animale et les renvoie sur terre animer des corps nouveaux. Ce symbolisme est brutal sans doute, mais bien conforme au génie d'un peuple enfant, qui avait conservé un ressouvenir lointain des commencements et qui se trouvait emprisonné dans une nature spéciale, implacablement régie par l'évolution des phénomènes naturels.

Dans ce mythe panthéiste, le roi identifié au soleil doit, comme lui, assurer la vie universelle ; et c'est encore, je crois, ce sens d'érection qu'il convient d'attribuer à la phrase par laquelle le dieu confère au Pharaon le pouvoir vivificateur.

Dou-k kha-k kher ap-k, dit Amon au souverain, alors que celui-ci ayant franchi le seuil du temple et consacré les offrandes, que tout à l'heure il a présentées à la salle hypostyle, s'apprête à traverser le sanctuaire et les chambres du mystère, image du ciel, afin d'assurer par cette course figurée dans l'espace la vivification de l'univers. Traduite généralement ainsi : « J'affermis ta couronne sur ta tête, » cette phrase peut signifier aussi : « Je te donne ton lever devant toi... » formule aussi brutale que le symbolisme des images ithyphalliques, mais qui exprime d'une façon frappante ce rôle de « seigneur auteur de toutes choses » que le protocole royal confère invariablement au souverain. Maints détails des tableaux viennent à l'appui de cette hypothèse ; je les indiquerai au passage et les réunirai plus tard en thèse générale.

TABLEAUX DE LA SALLE HYPOSTYLE

(Plusieurs erreurs s'étant glissées dans la classification des planches, il ne devra être tenu aucun compte des indications gravées dans le cliché. Seuls, les numéros de planches et de scènes imprimés en marges correspondent à ceux du texte. Toutefois, afin d'éviter toute erreur, les indications fautives sont placées entre parenthèses à côté des indications véritables.)

Des scènes qui décoraient la salle hypostyle, il n'est resté que celles du mur est. Quelques-unes sont à peu près intactes, mais, par places, elles sont noircies ou couvertes d'un enduit qui rend le relevé du dessin incertain. Un pilastre en glacis termine le mur du côté de la cour. Son inclinaison est égale à celle des colonnes et lui est parallèle. Des autres murs, il ne reste que des fragments isolés.

Inscription du soubassement du pilastre, côté de la salle : inscription sur quatre lignes [1] :

Ligne 1 :

Ligne 2 :

Ligne 3 :

Ligne 4 :

« Donne vivification, stabilité, bien-être, satisfaction de cœur, sur le siège d'Horus, le Vivant comme Ra.

» Inauguration de conduire les fêtes et les panégyries très nombreuses : toutes les plaines, toutes les vallées sont aux pieds de ce dieu beau qu'aiment les dieux et les *rékhi;* le roi du Midi et du Nord, Usor-Khépérou-Ra-mer-Amen, fils du soleil, Séti-mer-n-Phtah. »

Côté de la cour, inscription sur quatre lignes [2] :

Ligne 1 :

Ligne 2 :

Ligne 3 :

Ligne 4 :

« Donne vivification, stabilité, puissance, force, satisfaction de cœur, sur le siège d'Horus, le Vivant comme Ra.

» Inauguration de conduire les fêtes et les panégyries très nombreuses : toutes les terres sont prosternées, toutes les nations étrangères sont soumises aux pieds de ce dieu bon, qu'aiment les dieux, qu'adorent les *rékhi;* aimé de... comme Amon le très glorieux, comme Mentu... »

1-2. De droite à gauche.

6

Tableaux du pilastre ; côté de la cour :

Ier Registre.

Pl. VII, fig. 41 *(pl. VII, fig. 43 du cliché; classé par erreur comme IIIe registre).* — Maut tend vers Aménophis l'anneau de son collier magique, ce qui lui assure le pouvoir vivificateur et la satisfaction de cœur. Le roi vivificateur tient à la main droite la vie universelle, de la gauche le...

Légende. — « Le roi du Midi et du Nord, Ma neb Ra, fils de Ra, né de son flanc, Amen hotep hiq ouast, qui donne la vie, la stabilité, la puissance, comme Ra à jamais. »

Autour de Maut. « Vivification, satisfaction de cœur auprès d'elle, Maut, dame d'Acherel, maîtresse du ciel. »

IIe Registre.

Pl. VII, fig. 42 *(pl. VII, fig. 42 du cliché).* — Le roi vivificateur, coiffé de la couronne du Midi, tient de la main droite la vie universelle, de la main gauche le faisceau des quatre vies qu'il répandra aux quatre points cardinaux. Il est debout, en face de Sekhet, déesse de lumière, qui donne la vie et la force. Celle-ci tient le symbole des renouvellements d'existence.

Légende. — « Le roi du Midi et du Nord, Ma neb Ra, fils de Ra, Amen hotep hiq ouast... maître des levers, qui donne la vie comme Ra. »

Devant Sekhet. « Elle donne la vie, la santé. »

IIIe Registre.

Pl. VII, fig. 43 *(pl. VII, fig. 41 du cliché; classé par erreur comme Ier registre).* — Amon faisant respirer le ☥ au roi ; c'est l'allusion la plus directe à la délégation du pouvoir vivificateur faite au souverain par le dieu.

Légende. — « Le roi du Midi et du Nord, Ma neb Ra, fils de Ra, le maître des levers, élu de Ra, qui donne la vie. »

Autour d'Amon. « Amon Ra, maître du ciel, pasteur de Thèbes. »

Côté de la salle hypostyle :

Ier Registre.

Pl. VIII, fig. 44 *(pl. VIII, fig. 46 du cliché; classé par erreur comme IIIe registre).* — Le roi soutenant les bras de l'Amon ithyphallique debout sur le *mâ* ⊂ et élevant le fouet magique au-dessus des perséas.

Légende. — « Le roi du Midi et du Nord, maître de la double terre, maître de la *Khopesch,* Ma neb Ra, fils de Ra, né de son flanc, Amen hotep hiq ouast.

» Le ferme qui fait subsister... il donne la vie comme le soleil éternellement.

» Restauration du monument faite par le roi du Midi... maître des deux terres, Men ma ra [1], dans la demeure de son père Amon.

» Amon Ra, maître du ciel, pasteur de Thèbes. »

IIe Registre.

Pl. VIII, fig. 45 *(pl. VIII, fig. 45 du cliché).* — Amon Ra tient le roi par la main et lui fait respirer le ♀.

Légende. — « Le dieu bon, Ma neb Ra, fils de Ra, Amen hotep hiq ouast, maître de la *Khopesch,* l'élu de Ra, qui donne la vie.

» Amon Ra, le maître du ciel. »

IIIe Registre.

Pl. VIII, fig. 46 *(pl. VIII, fig. 44 du cliché; classé par erreur comme Ier registre).* — Mentu, le dieu qui apparaît, le dieu vainqueur des principes mauvais, fait respirer la vie au roi et par les passes magiques lui communique la vertu divine.

Légende. — « Le roi du Midi et du Nord, Ma neb Ra, le maître de la *Khopesch,* l'élu... Mentu... »

Les opérations magiques retracées dans ces tableaux assurent au roi l'investiture du pouvoir vivificateur; cette investiture reçue, le premier acte du souverain est d'élever vers le ciel les éléments de vie qui se sont retirés des existences dissoutes représentées par les offrandes offertes aux dieux.

Tableaux du mur est de la salle hypostyle :

Ier Registre.

Pl. IX, fig. 47 *(pl. XV, fig. 57 du cliché; classé par erreur comme IIIe registre).* — Le roi tient un bâton noué en spirale et un faisceau de quatre

---

1. Usurpé par Séti.

vies à donner aux quatre points cardinaux ; vies qu'il transmet par un fil
conducteur à quatre jeunes taureaux, un « noir », un « blanc », un
« jaune », un « rouge ».

« En touchant les veaux [avec les vies], — dit la légende, — il fait
vivification. »

Derrière le roi, le ciel, en haut duquel plane Nékheb « qui donne la vie
comme le soleil éternel ». Au-dessous de la voûte céleste, « le double ou
la personnalité royale, l'Horus Ra, qui vivifie les deux terres, taureau
puissant qui se lève en vivificateur », tenant à la main droite la palme de
lumière, de la main gauche le sceptre surmonté de l'image d'or ; « il
donne la vie, la durée et prospérité ». Devant les taureaux, la légende
porte : « Renouvellement quotidien de l'œuvre [mot à mot du monument]
que fait le roi Men-ma-Ra¹ pour son père Amon. » Plus haut et regardant
Nékheb, déesse du Sud, se tient Uatj'it, déesse du Nord. « Uatj'it, dame
du ciel, qu'elle mette toute vie au pouvoir du roi du Midi et du Nord,
maître des deux terres, Ma neb Ra, fils de Ra qui l'aime, Amen hotep
hiq ouast, l'élu de Ra, l'Horus beau qui règne sur les neuf arcs, résidant
dans la demeure [⬚] . . . »

Enfin Amon Ra, maître du ciel, dit au roi : « Je te donne toute vie,
prospérité et puissance, je te donne les *hotepou* et les *t'éfaou*. »

Pl. IX, fig. 48 *(pl. XV, fig. 58 du cliché; classé par erreur comme IIIᵉ registre)*. — Le roi portant sur la tête la couronne, symbole de l'ouverture
de la double lumière, frappe de son sceptre quatre corbeilles d'offrandes
aux quatre points cardinaux. Trois fois la lumière jaillit au Midi et trois
fois au Nord. « Il frappe trois fois les tas d'offrandes au passage, l'Horus
d'or, grand par la *Khopesch,* abattant les Sati, le roi du Midi et du Nord,
maître des deux terres, Ma neb Ra, fils du soleil, Amen hotep hiq ouast,
maître de... le ferme qui fait subsister la solidité. Il donne la vie... »
Nékheb plane au-dessus du roi « faisant la satisfaction d'Amon, selon son
désir », le double ou la personnalité royale assise sur le trône, dans le
mystère du ciel, « dispose derrière lui [le roi] toute vivification en qualité
de soleil ». L'influence vivifiante pénètre dans la coiffure du roi, Amon se
tient en face de lui et lui dit :

---

1. Légende usurpée par Séti.

Légende. « Je t'accorde des multitudes en fait de renouvellements de toute sorte, en qualité de soleil. Je t'accorde toute vie, durée, prospérité et vigueur. Je t'accorde toute satisfaction, tout rassasiement, Amen Ra, roi des dieux, maître du ciel, seigneur de la Thébaïde. »

Sur le champ, devant le Pharaon :

« Apet est mise en fête à l'imitation de l'horizon du ciel par le monument extrêmement beau ; la tranquillité des deux terres est assurée ; aimé ce qu'il fait ; il donne la vie. »

Pl. X, fig. 49 *(pl. XVI, fig. 59 du cliché; classé par erreur comme IIIe registre).* — Le roi « se lève [dans] la salle ». « Il fait vivification en qualité de soleil éternel. » Des quatre points cardinaux, quatre personnages portant la lumière ϐ sur la tête, s'élèvent pour réaliser (mã ϐ) son œuvre. Ils représentent le soleil aux quatre directions de l'horizon. « Renouvellement quotidien de l'œuvre (mot à mot du monument) que fait le roi du Midi et du Nord, Ma neb Ra, — ce cartouche a été usurpé par Séti Mer-n-Phtah, — en qualité de demeure du père Amon, [restauration que fait] le fils de Ra, Amen hotep hiq ouast. »

Amon ithyphallique dit au roi : « Tu renouvelles multitude en fait de fêtes. Je t'accorde renouvellements durables en vivifiant. Amon Ra, seigneur de Nestaoui, seigneur du ciel, pasteur de Thèbes. Je te donne la force et la vigueur auprès de moi. »

Légende. — Devant le roi. — « L'Horus Ra, taureau puissant qui se lève en vivificateur, roi du Midi et du Nord, maître de la double terre, seigneur auteur des choses, Ma neb Ra, le fils de Ra, né de son flanc et aimé de lui, Amen hotep hiq ouast, devant Amon d'Apet Rès, faisant agir parfaitement les manœuvres qui mettent en paix les deux terres, fils d'Amon Ra, qui satisfait le cœur du créateur de ses beautés dans Apet. »

Le roi tient le maillet *menkh* et la baguette magique ; les quatre manœuvres qui représentent le soleil aux quatre points cardinaux tournent autour du centre de la demeure d'Amon.

Pl. X, fig. 50 *(pl. XVI, fig. 60 du cliché; classé par erreur comme IIIe registre.* — Le roi est debout devant Amon Ra assis qui lui fait, de la main gauche, respirer la croix ansée, pendant que de la droite il procède à des passes magiques derrière sa tête.

Légende. — Devant le roi. — « Le roi du Midi et du Nord, maître de la

double terre, Ma neb Ra, fils de Ra, maître des levers, Amen hotep hiq
ouast. Maître de la *Khopesch*, il s'empare de toutes terres, donnant
la vie. »

Dans une colonne : «... Le roi du Midi et du Nord, maître de la double
terre, Ma neb Ra, fils de Ra, maître des levers, aimé des dieux, Amen
hotep hiq ouast, dans la demeure du père Amon Ra, seigneur de Nestaoui. »

Devant Amon : « Je te donne toute vie, toute stabilité, toute puissance ;
toute prospérité avec Amon Ra, le roi des dieux. »

IIᵉ Registre.

Pl. XI, fig. 51 *(pl. XI, fig. 53 du cliché)*. — Le roi, revêtu de la couronne
blanche, est debout devant Amon Ra ; de la main droite il tient le sceptre
blanc, de la gauche le sceptre *hiq*.

Légende. — « Le roi du Midi et du Nord, maître des deux terres, seigneur auteur des choses, Ma neb Ra, fils de Ra, né de son flanc et aimé
de lui, Amen hotep hiq ouast, maître de la *Khopesch ;* il s'empare de
toutes terres... à son désir.

» Il donne toutes choses à Amon Ra, suit dieu celui qui fait le don de la
vie, comme Ra pour l'éternité.

» Construction à neuf du monument qu'a fait le roi du Midi et du Nord,
Men ma Ra [1], dans la demeure de son père Amon Ra. Discours d'Amon :
Je te donne le renouvellement des fêtes par millions, dit par Amon Ra,
le maître des trônes de la terre, le dieu grand sous Apet. »

Pl. XII, fig. 52 *(pl. XII, fig. 54 du cliché)*. — « Le roi du Midi et du Nord,
maître des deux terres, Ma neb Ra, fils de Ra qui l'aime, Amen hotep
hiq ouast, de qui le soleil fait la gloire grande, dont il aime tous les actes,
donnant la vie, la durée et la prospérité en qualité de soleil, » est debout
en face « d'Amon Ra, chef de la Thébaïde ». La main droite tendue vers
le dieu, il tient de la main gauche la baguette magique et le sceptre blanc.

Entre eux, un tableau de quinze colonnes contient un texte qu'il est
difficile de traduire d'une façon suivie, tant en raison des lacunes qu'à
cause de l'emploi de quelques mots peu usités et dont le sens est difficile
à dégager. En voici la transcription aussi complète que possible. Je

1. Usurpé par Séti.

préciserai plus tard la signification symbolique de ce texte. Quoique les hiéroglyphes soient tournés de droite à gauche, la lecture a lieu de gauche à droite.

« Dit. Que le *samtôt* (?) fasse l'acte *nep* (?). Dire quatre fois : Cela rend doublement bonne la demeure à laquelle il n'y a pas de demeure comparable ; étant faite par le roi du Midi et du Nord, pour le père Amon Ra, seigneur de Nestaoui, beau quand tu te lèves et tu te couches en elle, tu fais abonder ta vallée de bienfaits. [Quand] tirent et t'emmènent les dieux du cadavre, ta forme est enveloppée d'or doublement par Safekh, fille d'Amon Ra, seigneur du ciel, grand des divinités. Éteint le maître du royaume (?) lui navigue paisiblement (?) Tu mets l'ombre à la place du soleil ; tu te tiens à y prendre ta force. Voici que tu enjambes la montagne de l'Occident et la montagne de l'Orient. Tu montes... en traversant le ciel ; supérieur des chefs (?) lumineux (?) tu as tiré pour toi la lumière sans nuages (?) et sans ombre (?) Tu ouvres (?) la route... sont retournées de nouveau les ténèbres ; te dirigeant où est la terre, [tu] agites tes traits ; fort qu'ont renouvelé les dieux... surgissant de son repos sur ses deux mains et en possession d'engendrer ceux qui sont en toi. Voici tous les Petti, habitants la région... embaumée des parfums divins, à l'infini. Le souffle qui est (?) le minéral qui est en toi est le *mesdem* dont... beau sortant de *Hamerli-n-souten* (?) Horus Ra, taureau puissant, se levant en vivificateur, enveloppant la lumière qui est dans *Tot'eser* avec ses ornements... chez les Petti en Nubie et les Menti en Asie ; les chefs... le terrain qui est compris dans les constructions d'Apet. Tu protèges ce qui est devant lui ; les dieux exercent leur influence favorable derrière toi éternellement et la grande influence est avec le taureau puissant qui se lève en vivificateur, Bel engendré de Saïs (?) de qui la puissance est en sa possession. Tu as établi l'autorité dans sa... stable (?) avec le siège royal dans la ville de [Thèbes] capitale (?) divine qui affermit (?) sa supériorité (?)... Celui qui sait fait l'acte *nohemt*. Tu t'avances sur le chemin de ta belle demeure pour faire ton engendrement de tes enfants dans... dans ta salle d'or, belle dorée d'électrum. Tu donnes... fils qui sont avec le taureau puissant qui se lève en vivificateur, Ma neb Ra... »

A ce discours, Amon répond : « Je te donne vie et prospérité, toute force ; je te donne la subsistance et la dilatation de cœur. »

Pl. XIII, fig. 53 *(pl. XIII, fig. 55 du cliché).* — Amon ithyphallique debout sur le *mâ* ⊏⊐, emblème de réalisation. Derrière lui la porte ou l'autel aux deux côtés duquel Bitaou-Osiris renaît de son sang sous la forme des perséas.

Il est invoqué par « le roi du Midi et du Nord, seigneur des deux terres, seigneur auteur des choses, Ma neb Ra, fils légitime de Ra qu'il aime, Amen hotep hiq ouast, aimé d'Amon, roi vivificateur », lequel tient en main la vie et la baguette magique. Entre eux est le tableau qui contient les invocations du roi. Celles-ci sont au nombre de neuf et s'adressent à la forme ithyphallique ou plus exactement au *phallus* lui-même.

Ire invocation. — « O celui qui... doublement ! »

2e invocation. — « O celui qui... doublement ! »

3e invocation. — « O celui qui se lève ¹ doublement ! »

4e invocation. — « O celui qui est grand doublement ! »

5e invocation. — « O celui qui est puissant doublement ! »

6e invocation. — « O celui qui est possesseur doublement ! »

7e invocation. — « O celui qui est habile doublement ! »

8e invocation. — « O celui qui est vigoureux doublement ! »

9e invocation. — « O celui qui... doublement ! »

Au-dessous de ce registre du tableau, neuf lignes verticales répètent neuf fois que l'acte qui fait faire au dieu son *lever* est « fait par le roi du Midi et du Nord, Ma neb Ra, vivificateur, deux fois affermi en qualité de soleil éternel. »

Pl. XIV, fig. 54 *(pl. XIV, fig. 56 du cliché).* — Le roi debout, tenant de la main droite la vie, de la main gauche le sceptre blanc et la baguette, en face de lui Amon-Ra assis; entre eux cinq tables chargées d'offrandes.

Les inscriptions sont trop mutilées pour être traduites d'une façon suivie.

IIIe Registre.

Pl. XV, fig. 55 et 56 *(pl. IX, fig. 47 et 48 du cliché; classé par erreur comme Ier registre).*

---

1. Cette troisième invocation vient à l'appui de l'idée, énoncée plus haut : la salle du *Lever* serait celle des érections.

Pl. XV, fig. 56 *(pl. IX, fig. 48 du cliché; classé par erreur comme Ier registre)*. — Le double de la vie présente à deux mains l'autel à deux compartiments, image du Midi et du Nord. Le roi muni de deux vases verse sur le Midi et le Nord la liqueur fécondatrice ; et « en remplissant [de cette liqueur] les deux bassins [qui sont sur l'autel au Midi et au Nord], il fait vivification ». C'est « le roi du Midi et du Nord, Ma neb Ra, fils du soleil, Amen hotep hiq ouast, Amon Ra donnant la vie en qualité de soleil ». Au-dessus du roi, plane Nékheb [côté droit Orient ou Midi] ; en face de lui, apparaît Hud [côté gauche Nord ou Occident] qui donne la vie et la prospérité. « Il donne toute vie et toute vigueur devant Amon Ra, maître de Nestaoui, maître du ciel. Derrière le dieu se dresse Uatj'it, dame des deux terres, qui fait vivification. » Elle est coiffée de la couronne du Nord. Elle représente le principe féminin et son rôle dans la formation des existences. Pareille à l'*alma Vénus* de Lucrèce, elle est accompagnée de tous les animaux, quadrupèdes, oiseaux et poissons qui ont reçu la vie sous son influence.

Légende. — « Vivificateur, le fils du soleil qui l'aime, Amen hotep hiq ouast, joyeux le cœur dans l'amour. Vivificateur, le roi du Midi et du Nord, le maître de la double terre, Ma neb Ra, satisfait le cœur dans la création mystérieuse des beautés. Voyant le règne... »

Pl. XV, fig. 57 *(pl. IX, fig. 49 du cliché; classé par erreur comme Ier registre)*. — Le roi, debout, devant Amon, élève vers lui le... [le vin ou le lait]. C'est « le roi du Midi et du Nord, Ma neb ra, le fils de Ra, Amen hotep hiq ouast, le maître de la *Khopesch*, l'élu, qui fait vivification comme Ra. Faisant la présentation de... il fait vivification comme le soleil, éternellement. »

« Amon Ra, seigneur de Nestaoui, maître du ciel, lui dit : Je t'ai donné toute vie, toute stabilité, toute puissance, toute force ; je t'ai donné toute dilatation de cœur auprès de moi. »

Pl. XVI, fig. 58 *(pl. X, fig. 50 du cliché; classé par erreur comme Ier registre)*. — Le roi, à qui Nékheb transmet la vie, la durée et la puissance comme le soleil, égorge une victime, une gazelle symbole d'impureté. Il est coiffé du pschent. Derrière lui, le sceau et le signe de l'ombre marquent le mystère du ciel. Le signe de la stabilité supporte le (?) au-dessous de la voûte céleste. Derrière lui, Nékheb communique « la vie, la durée,

7

la puissance au dieu beau Ma neb Ra, fils de Ra, Amen hotep hiq ouast, qui fait vivification ; elle agrandit à Amon sa *Khopesch* . . . du maître qui donne la vie. »

Devant le roi sont entassées des offrandes, des quartiers de viande provenant des victimes dépecées sont suspendus au plafond d'un édicule, abritant deux autels sur lesquels croissent les perséas. En face de l'autel et des offrandes, Amon ithyphallique, qui donne toute durée et prospérité, apparaît. « Je te donne, dit-il au roi, toute force en qualité de soleil. »

Pl. XVI, fig. 59-60 *(pl. X, fig. 51, 52 du cliché ; classé par erreur comme Ier registre)*. — Amon est assis sur un trône dressé sur le *mâ* ⊂⊃. Devant lui, le roi, qui a ceint la coiffure, symbole de l'ouverture de la double lumière, soutient des deux mains un vase qu'un emblème qu'il est difficile de préciser relie à la double plume d'Amon. Sur certains tableaux, ce vase que tient le roi affecte une forme phallique ; sur d'autres, — j'en citerai tout à l'heure un exemple à la salle du *Lever,* — c'est l'emblème qui va du vase à la double plume d'Amon. Au-dessus du roi, plane Nékheb, et derrière lui est son double caché dans la profondeur du ciel et tenant en mains la lumière qui réalise et le sceptre à tête dorée.

Les inscriptions ne sont d'aucun secours pour l'interprétation de cette scène dont le sens générateur est cependant manifeste ; les voici : « Le roi du Midi et du Nord, Ma neb ra, fils de Ra, Amen hotep hiq ouast, soleil royal qui se grandit par sa vaillance ; il donne la vie comme Ra, éternellement. »

« Amon Ra, seigneur du ciel, lui dit : Je t'ai donné vie, stabilité et puissance auprès de moi. »

Derrière cette scène apparaît un personnage à tête d'épervier, tenant à deux mains un plateau sur lequel sont quatre vases ; devant lui, deux autels sont chargés de vases de formes diverses. Les inscriptions sont trop mutilées pour être traduites. On distingue seulement :

1° Sous les vases : « cœur d'acacia, cœur de *tahen*, cœur de l'arbre *at;* » puis la mention : « donner beaucoup d'essence ; »

2° Au-dessus de la scène, le cartouche : « fils de Ra, Amen hotep hiq ouast ; »

3° Derrière la scène : « Toute force, toute satisfaction de cœur... maître de Nestaoui, qui donne la vie comme le soleil, éternellement. »

Diverses causes rendent l'interprétation des scènes de ce dernier registre en plus d'un endroit incertaine; l'élévation de la salle d'abord, et le manque de recul entre les colonnes font qu'en maints endroits, où la pierre s'est effritée, la lecture est assez douteuse; une autre cause encore, est qu'au temps où le temple était ensablé, la butte de décombres s'élevait jusqu'au niveau du troisième registre, et c'était là que les masures arabes venaient s'adosser. Noircies et dégradées, les peintures qui se trouvaient ainsi enfermées dans les huttes des fellahs, sont presque méconnaissables; et c'est un travail de restauration qu'on est obligé de faire, lorsqu'on veut les reconstituer.

Pour une raison inverse, les bas-reliefs du IIe registre sont, eux aussi, coupés de nombreuses lacunes qui rendent la lecture tout aussi incertaine. Les sables ont protégé les sculptures contre le vandalisme; mais, d'autre part, les salpêtres des sables ont rongé par place la pierre et l'ont attaquée fort avant; c'est pour cela qu'il est malaisé de donner une traduction correcte; mais pour incomplètes qu'elles soient, ces inscriptions n'en laissent pas moins percer leur sens symbolique, et c'est là surtout ce que je tenais à dégager.

Mur sud de la salle hypostyle.

Sur l'angle où le mur sud venait s'amorcer au mur est, une scène est conservée, bien qu'à demi effacée par les effritements qui se sont produits. Sous cette scène, s'ouvraient les portes donnant accès aux petites salles situées sur le flanc de la salle *Hotep*. Ce coin du temple menaçait tellement ruine au moment où j'entrepris la copie de l'édifice, qu'il avait fallu abandonner complètement son dégagement. Aujourd'hui, consolidé et déblayé, j'ai pu, pendant un voyage fait en Égypte, relever ce qui me manquait; mais nombre de dessins étant déjà prêts pour l'impression : il m'a été impossible de donner à leur place les scènes manquantes; cela eût bouleversé l'ordre de tous les numéros donnés; on les trouvera parmi les diverses notices qui seront jointes à la fin du livre.

Pl. XI, fig. 61 *(pl. XVI, fig. 61 du cliché)*. — Aménophis présente à Amon une branche de lotus en boutons, surmontée de trois fleurs épanouies et un bouquet de fleurs de lotus, dont les tiges se terminent par un faisceau de vies qui s'en échappent pour remonter vers Amon. Au-dessus du souverain plane Nékheb. Elle lui communique l'influence magique, et le double royal affermi sur le sceau du mystère céleste, fait le *mâ* (la réalisation) derrière lui.

Légende. — Devant le roi : « Il fait vivification comme le soleil. » Au-dessus de sa tête : « Le roi du Midi et du Nord, seigneur auteur des choses, Ma neb Ra, fils du soleil, né de son flanc, Amen hotep hiq ouast... maître de la *Khopesch*, l'élu de Ra, qui fait vivification comme le soleil. »

Devant Amon : « Je te donne toute satisfaction de cœur, toute vie, toute stabilité, toute puissance avec Amon Ra, seigneur de Nestaoui, maître du ciel, roi de Thèbes. »

Entablement de la porte accédant à la salle R.

Pl. XVI, fig. 62-63 *(pl. XVII, fig. 62-63 du cliché)*. — Aménophis suivi d'un Api présente à Khonsou-m-Ouast l'eau vivificatrice de l'inondation ☺☺.

Au plateau que portent à deux mains les Api, pendent les lotus, symbole de renaissance que surmontent les deux vases servant habituellement à contenir la liqueur fécondatrice et le ⸮ signe de prospérité.

Légende. — « Le dieu bon, Ma neb Ra, fils aimé de Ra, Amen hotep hiq ouast, qui donne la vie. »

Discours [de Khonsou] : « Je t'ai donné la vie et la puissance auprès de moi, toute force auprès de moi, Khonsou-m-Ouast. Je t'ai donné toutes les terres et toutes les régions étrangères sous tes sandales, comme le père Amon Ra... »

Au-dessus de l'Api : « Je suis venu à toi *m-hotep*, » qu'il faut ici traduire par une périphrase : « en maintenant l'équilibre de la vie universelle. »

Montants de la porte centrale, ouvrant sur la salle du lever.

Pl. XVII, fig. 64-65 *(pl. XVIII, fig. 64-65 du cliché; classé par erreur comme III* registre)*. — A droite, — fig. 64, — le roi debout présente à Amon l'encens allumé, la légende porte : « Faisant l'encens, il produit l'agent de divinisation. » C'est donc la flamme vitale montant du réchaud de la cassolette vers les profondeurs du ciel.

Légende. — « Je t'ai donné l'éternité en qualité de roi de la double terre, dit Amon, seigneur de Nestaoui, maître du ciel ; je t'ai donné toute vie et toute puissance ; je t'ai donné toute force. »

'A gauche, — fig. 65, — Aménophis verse de la main gauche sur un autel, l'eau fécondatrice, l'agent d'humidité qui, uni à la chaleur qui se dégage de la cassolette qu'il tend du bras droit vers Amon, produira le renouvellement des choses.

« Faisant l'eau, » dit la légende, « il produit l'agent de divinisation. »

Tout le haut du tableau est mutilé et l'on ne distingue des légendes que les deux cartouches et le discours d'Amon :

« Je t'ai donné toute vie et toute puissance, je t'ai donné toute satisfaction de cœur, Amon Ra, seigneur de Nestaoui, dans [le Khenti d'Apet]. »

Inscription du soubassement de la porte centrale.
Côté gauche, inscription sur sept lignes :

Ligne 1 :

Ligne 2 :

Ligne 3 :

Ligne 4 :

Ligne 5 :

Ligne 6 :

Ligne 7 :

« Le Vivant, l'Horus, taureau puissant qui se lève en vivificateur ; le maître des diadèmes... les Asiatiques ; l'Horus d'or, le pasteur de Ma qui donne renaissance à la double terre ; le roi du Midi et du Nord, Ma neb Ra. Il a fait ses constructions à son père Amon Ra dans Apet. Est établie à nouveau par lui la porte grande et auguste en restaurant le monument.... Apet. Ton fils... dans sa demeure, le fils de Ra, né de son flanc, aimé de lui, le maître des levers qui s'empare... maître de la *Khopesch,* seigneur des neuf arcs, Amen

hotep hiq ouast, a fait édification à nouveau... maître de la double terre, Ma
neb Ra, qui donne la vie, la stabilité, la puissance comme Ra, éternellement. »

Côté droit, inscription identique, mais coupée de plus de lacunes encore.
Par une coïncidence bizarre, mais fréquente, ces lacunes se répètent à la
même place et ne permettent pas de compléter les textes l'un par l'autre. Les
montants des portes des petites salles latérales de droite sont trop dégradés
pour être relevés. Il ressort de l'examen, des fragments de signes encore
visibles, que l'inscription était formée du protocole de Ramsès II et de ses
légendes.

Au soubassement de l'un des montants, on lit encore.

Côté gauche, inscription sur cinq lignes [1] :

Ligne 1 :

Ligne 2 :

Ligne 3 :

Ligne 4 :

Ligne 5 :

« Le roi du Midi et du Nord, maître de la double terre, maître de toutes
choses, Usor mara sotep n Ra, le fils de Ra... maître des levers, Ramsès mer
Amen. Il a fait ses constructions à son père... dans Thèbes. Est bon le repos
auprès d'elle, après qu'elle a... en face de l'âme (?) »

Côté droit, inscription sur cinq lignes :

Ligne 1 :

Ligne 2 :

1. De droite à gauche.

Ligne 3 :

Ligne 4 :

Ligne 5 :

« Le roi du Midi et du Nord, maître de la double terre, seigneur auteur des choses, Usor mara sotep n Ra, le fils de Ra... maître des levers, Ramsès mer Amen.

» Il a fait ses constructions à son père... dans Thèbes.

» Est bon le repos auprès d'elle, après qu'elle a... en électrum, en lapis vrai, en toutes pierres précieuses, en face de l'âme (?) »

Au mur ouest, une seule scène orne encore le montant de gauche de la porte ouvrant sur le quai.

Pl. XVII, fig. 66 *(pl. XVII, fig. 66 du cliché).* — Le roi élevant la main droite vers Amon et s'appuyant de la main gauche à la baguette magique.

Légende... « [Faisant] renouvellement des provisions divines (nouter hotepou) deux fois pures (?) il a fait le don de la vie.

» Ma neb Ra, aimé d'Amon Ra, qui donne la vie. »

L'inscription du soubassement, en partie effacée, ne laisse voir que les mots : « édifié à nouveau par Men ma Ra (Séti Ier) [1]. »

Au résumé, de la première scène à la dernière, la décoration de l'hypostyle montre l'élévation des principes de vie ; ce sont eux que le Pharaon transmet aux veaux ou fait jaillir des corbeilles ; ceux encore que dans le bas-relief usurpé par Séti il fait monter aux dieux dans un geste consécrateur.

PREMIER VESTIBULE, SALLE DES OFFERTOIRES OU SALLE *HOTEP*

La porte centrale franchie, on accède au premier vestibule ; la feuillure de la porte ne laisse plus. voir qu'un personnage, les bras tendus, sans qu'il soit

1. Usurpé par Séti.

possible de distinguer la nature de la composition. La salle elle-même a beaucoup souffert. Transformée par les Coptes en chapelle, la majeure partie de sa
décoration a disparu sous les enduits rehaussés de peintures ; ce n'est qu'en
faisant tomber celles-ci qu'on arrive à distinguer quelques-unes dés scènes qui
ornaient jadis les murs, mais souvent la pierre s'effrite, et sur plus d'un point
on a dû renoncer au dégagement.

Mur nord. Quelques scènes visibles au premier registre, le seul existant
aujourd'hui, mais coupées par des lacunes et recouvertes d'enduits.

Côté droit de la porte.

Pl. XVIII, fig. 67-68 (Restauration) *(pl. XIX, fig. 68-69 du cliché)*. — Le roi
est porté sur une sorte de palanquin ; il est assis sur un trône dont on distingue encore les pieds, et le lion qui lui sert de dossier et d'accoudoir ;
devant lui, un officiant fait l'encens ; derrière lui, défilent sur deux rangs
des soldats en armes ; mais il est à remarquer que cette partie du décor a
été remaniée à une époque qu'il est difficile de préciser ; est-ce sous le
règne d'Aï, dont le cartouche se voit au jambage d'une porte ou sous celui
de Ramsès II ?

J'étudierai la question plus loin.

Légende. Inscription en huit colonnes placées au-dessus de la scène :

Ligne 1 :

Ligne 2 :

Ligne 3 :

Ligne 4 :

Ligne 5 :

Ligne 6 :

Ligne 7 :

Ligne 8 :

Un peu plus bas on retrouve, correspondant aux deux dernières colonnes, trois colonnes d'inscription qui paraissent avoir appartenu à un même tout :

Ligne 7 *bis* :

Ligne 8 *bis* :

Ligne 9 :

« ...700 bœufs, 300... 7,000... se levant, faisant le salut au roi, taureau devant lui... lumière à son cou et sur sa tête... assurant la paix au... milieu de... »

Et plus loin : « Les amis qui le suivent... grands tes monuments, roi puissant, deux fois bon... est prospère ce que tu fais et ce que tu élèves. »

Pl. XVII, fig. 69 *(pl. XVIII, fig. 67 du cliché; classé par erreur comme III*e registre)*. — Le roi versant l'eau fécondatrice devant Amon.

    Légende. « Le roi du Midi et du Nord, Ma neb Ra, le maître des levers, Amen hotep hiq ouast, qui donne la vie, la stabilité, la puissance, comme Ra chaque jour. C'est lui, dans (faisant) les transformations vitales, comme le soleil chaque jour.

    » Discours d'Amon, le seigneur de Nestaoui, dans [Apet] :

    » Je t'ai donné toute force, toute dilatation de cœur. »

Côté gauche de la porte, un seul coin de tableau visible.

Pl. XVIII, fig. 70 *(pl. XIX, fig. 70 du cliché)*. — Défilé de soldats en armes portant la hache et le bouclier; les inscriptions sont effacées.

Mur est. Ce mur probablement refait à une époque qui ne peut être précisée est entièrement recouvert d'enduits, mais paraît ne pas avoir été décoré à l'époque de sa reconstruction.

Mur ouest. Le mur ouest est aux deux tiers écroulé; le tiers restant est recouvert d'enduits sous lesquels il est impossible de distinguer quoi que ce soit.

8

Mur sud. Côté gauche de la porte donnant accès dans le pronaos.

Ier Registre.

Pl. XIX, fig. 71-72 *(pl. XXII, fig. 76 du cliché; classé par erreur comme IIe registre).* — Toum et Ament. Le commencement de la scène manque, caché par le plâtre, ce qui ne permet pas de préciser le rôle de Toum. Ament est la déesse du milieu de la vallée ; elle tient sur ses deux mains l'eau du nord et l'eau du sud ; c'est-à-dire les deux moitiés droite et gauche de la rive du Nil.

La légende donne : « Ament au cœur de Thèbes est avec ton père qui t'élève pour son trône. Il te donne millions sur millions en fait de renouvellements : entre . . . précieux. Il te donne les levers de Ra. »

Légende placée au-dessus de Toum, marchant tourné vers le roi : « Discours de Toum, le seigneur de Ôn : Viens avec moi voir ton [père] Amon, le seigneur de Nestaoui.

» Il s'est caché à toi, le lever . . . muni de tes deux cornes, tu éclaires la route devant toi. Tombe. . . contre ta majesté . . . de l'éternité sur le siège d'Horus comme Ra, chaque jour. »

Dans un naos le roi agenouillé est coiffé du *pschent :* il tient devant lui la lumière qui réalise [Ma], munie du pouvoir de renouveler et de produire [les deux tiges du palmier que tient la figurine de Ma] ; entre la pointe de ces deux tiges est le sceau du mystère dans lequel s'accomplissent ces réalisations. Ma, a pour coiffure la cassolette d'où jaillira la flamme, et tout l'ensemble du groupe symbolique repose sur le *dad* de l'affermissement.

De l'autre main le Pharaon tient le sceptre *hiq* et le fouet magique *nekht.* Les textes le nomment « l'Horus Ra, principe chef des doubles de tous les êtres vivants, le dieu bon donnant la vie, la stabilité, la puissance et la force, comme Ra, éternellement, Ma neb Ra, né de son flanc et aimé de lui, Amen hotep hiq ouast ». Amon Ra, seigneur du ciel, assis derrière lui, pratique sur sa nuque les passes magiques pour lui communiquer le don de la vie qu'il tient de la main gauche en disant : « Assuré ton lever devant toi pour des millions en fait de renouvellements, je te donne vie et prospérité. »

IIᵉ Registre.

Pl. XX, fig. 73 *(pl. XX, fig. 73 du cliché).* — Tout le commencement de la scène manque.

Dans un naos, le roi est agenouillé devant Amon : d'une main il tient la lumière qui réalise [Ma]. La figurine a maintenant pour coiffure la flamme. De l'autre main, il appuie à son épaule le fouet magique ; il porte la coiffure munie des deux palmes lumineuses et devant lui une déesse dont il ne reste plus trace lui tend la vie et la prospérité. Amon assis pratique sur sa nuque les passes magiques qui lui assurent la puissance vivificatrice.

Légende. « Le roi du Midi et du Nord, Ma neb Ra, fils de Ra, Amen hotep hiq ouast... Discours d'Amon, le maître de Nestaoui, maître du ciel. Est affermi ton lever, fils que j'aime ; je t'ai donné toute vie et toute puissance. »

Pl. XXI, fig. 74 *(pl. XXI, fig. 74 du cliché).* — Le roi toujours agenouillé dans le naos devant Amon assis qui pratique des passes vers lui. Il porte la coiffure munie de deux palmes lumineuses et des deux cornes et tient le sceptre ⌐. Devant lui, Sekhet, déesse de lumière, coiffée du disque entre les deux cornes, lui tend la vie et la prospérité et lui applique le don de vie sur la face.

Légende. «... Ma neb Ra... Amen hotep hiq ouast. Discours d'Amon : Est affermi ton lever, fils que j'aime : je t'ai donné la vie et la puissance.

» A toi... ton fils aimé qui soulève la double terre... Ma neb Ra. Étant qu'il a confirmé son lever devant lui. A été décrété par lui... Amon. Force et puissance, conformément au décret et à la parole de Toum, d'Osiris et de Seb. Années... de vie, de prospérité et de puissance... comme Ra, éternellement. »

IIIᵉ Registre.

Pl. XX, fig. 75 *(pl. XX, fig. 71 du cliché; classé par erreur comme Iᵉʳ registre).* — Le commencement de la scène manque.

Le roi à genoux devant Amon, qui pratique des passes magiques sur lui.

Légende. « Le roi du Midi et du Nord, maître de la double terre, seigneur auteur des choses, Ma neb Ra, fils de Ra, né de son flanc et aimé de lui, Amen hotep hiq ouast... de ton lever... entre... Amon le maître du ciel. »

Pl. XX, fig. 76 *(pl. XX, fig. 72 du cliché; classé par erreur comme Ier registre).* — Le roi toujours agenouillé dans le naos d'Amon a pour coiffure la double palme lumineuse. De la main droite, il tient la lumière réalisatrice [Ma], de la gauche, le ⸮. Amon procède sur sa tête aux passes magiques, et les rubans de sa coiffure les lui transmettent. Maintenant il a en main la vie, la croix ansée, sur laquelle repose la lumière de Ma. Devant lui se tient Hathor, coiffée du disque entre les deux cornes. C'est la déesse des montagnes qui dominent la vallée (Ament). Elle tend au souverain la vie et la puissance, et la main levée applique le don de la vie à sa face.

Légende. «... Roi du Midi et du Nord, maître de la double terre, Ma neb Ra, qui donne la vie, la stabilité, la puissance, comme Ra chaque jour. »

Discours d'Amon, maître du ciel, pasteur de Thèbes : « Je t'ai donné... Je t'ai donné... »

Pilastre de la porte ouvrant sur le pronaos.

Pilastre de gauche, trois registres :

Ier Registre.

Pl. XXII, fig. 77 *(pl. XXIII, fig. 79 du cliché; classé par erreur comme IIIe registre).* — Le roi présentant à Amon Ra l'eau fécondatrice du vase ⸮ sur laquelle s'épanouit le lotus des renaissances.

Légende. « Donnant l'eau du vase ⸮ il fait le don de la vie, le dieu bon Ma neb Ra... »

Discours d'Amon, le roi de tous les dieux, au cœur d'Apet : « Je te donne la force et la puissance. »

Inscription du soubassement : « L'Horus, taureau puissant dont brillent les levers, le maître des diadèmes... l'Horus d'or, pasteur de Ma, qui donne renaissance à la double terre, le roi du Midi et du Nord, Khéper Khéperou Ra ar ma (prénom royal d'Aï), il a fait ses constructions à son père Amon. »

IIe Registre.

Pl. XXII, fig. 78 *(pl. XXIII, fig. 78 du cliché).* — Aménophis présentant à
Amon le bouquet de lotus, symbole de renaissance.

Légende. « Le dieu bon, Ma neb Ra, fils du soleil, Amen hotep hiq
ouast, qui donne la vie comme Ra. Faisant le *schennou,* il fait le don
de vie. »

Discours d'Amon, le seigneur de Nestaoui, maître du ciel au cœur
d'Apet : « Je te donne toute vie et toute prospérité. »

IIIe Registre.

Pl. XXII, fig. 79 *(pl. XXIII, fig. 77 du cliché).* — Le roi présentant à Amon
les éléments de vie, le feu et l'eau.

Légende. « Faisant le feu et l'eau mystiques, il fait le don de la vie. »
Tout le reste est effacé.

Pilastre de droite ; trois registres :

Ier Registre.

Pl. XXIII, fig. 80 *(pl. XXV, fig. 82 du cliché; classé par erreur comme
IIIe registre).* — Le roi est devant Amon faisant l'encens (voir plus
haut) ; il est coiffé de la double couronne maintenant qu'il s'est enfoncé
vers le Nord et est revenu au Sud.

Légende. « Faisant l'encens, il produit l'agent de divinisation [le roi du
Midi et du Nord, Ma neb Ra, fils de Ra, Amen hotep hiq ouast, qui
donne la vie] comme Ra. »

Discours d'Amon, seigneur de Nestaoui, au cœur d'Apet : « Je t'ai
donné toute vie et toute puissance. »

Inscription du soubassement :

« L'Horus, taureau puissant dont brillent les levers ; le maître des
diadèmes... l'Horus d'or, pasteur de Ma, qui fait renaître la double
terre, Khéper Khépérou Ra ar ma [prénom royal d'Aï nouter hiq Ôn]. Il
a fait ses monuments à son père Amon Ra, dans Apet... »

IIe Registre.

Pl. XXIV, fig. 81 *(pl. XXIV, fig. 80 du cliché).* — Le roi présentant le feu
et les lotus (voir plus haut) à Amon.

Légende. « ... Le roi du Midi et du Nord, Ma neb Ra, fils de Ra, Amen hotep hiq ouast, qui donne la vie comme le soleil éternellement. »

Discours d'Amon dans son Apt auguste : « Je t'ai donné toute dilatation de cœur. »

IIIᵉ Registre.

Pl. XXIV, fig. 82 *(pl. XXIV, fig. 81 du cliché).* — Le roi présentant le feu et les lotus, symbole de renaissance, à Amon.

Légende. « Donnant [les lotus] à Amon Ra, il fait vivification, le roi du Midi et du Nord, Ma neb Ra, fils de Ra, Amen hotep hiq ouast, qui fait vivification comme Ra. Discours d'Amon dans son Apt auguste : Je t'ai donné toute dilatation de cœur auprès de moi. »

Mur sud, côté droit de la porte.

Iᵉʳ Registre.

Pl. XXII, fig. 83 *(pl. XXV, fig. 83 du cliché; classé par erreur comme IIIᵉ registre.* — Le roi à genoux dans le naos d'Horus devant le dieu; il porte maintenant les deux couronnes et tient de la main gauche le ↑ en qualité de *hiq mat.* Horus fait sur sa nuque les passes magiques qui lui confèrent le pouvoir vivificateur [1].

Légende. « C'est le roi du Midi et du Nord, Ma neb Ra, qui donne la vie, la durée et la prospérité, comme le soleil chaque jour, le fils de Ra, Amen hotep hiq ouast. »

Discours [d'Horus]. « J'ai affermi pour toi le lever blanc devant toi... »

Le reste de la composition est recouvert de plâtre ; on distingue à peine la coiffure d'Amon et les deux colonnes d'inscriptions suivantes :

« ... Affermi ton lever ; tu vois les beautés... »

Derrière [Amon]. « Il affermit les levers de Ra devant toi; il a décrété pour toi... »

IIᵉ Registre.

Pl. XXI, fig. 84 *(pl. XXI, fig. 75 du cliché).* — Le roi est à genoux devant Amon dans un naos; il tient de la main droite le ↑, de la gauche la lu-

---

[1]. A comparer avec la scène où le mort renaît à une existence nouvelle après avoir exécuté son voyage vers le fond du tombeau.

mière [Ma] de la réalisation devant lui ; sur sa tête est la double couronne.

Amon fait sur sa nuque les passes magiques, et Sekhet, déesse de lumière, debout devant lui, applique le don de vie sur sa face.

Légende. « C'est le roi du Midi et du Nord, Ma neb Ra, fils de Ra, Amen hotep hiq ouast. »

Discours d'Amon Ra dans son Apt. « Est affermi ton lever devant toi, comme Ra, chaque jour. »

Au-dessus de Sekhet. « Au cœur de Thèbes... tous ; maître de ton *ast*, maître de tes levers, Toum. »

Les lacunes ne permettent pas de préciser le sens de cette inscription.

Tout le *III⁰ registre* est recouvert de peintures coptes sous lesquelles il est impossible de distinguer quoi que ce soit.

Dans l'étude du mythe d'Amon qui sera le dernier chapitre de ce Mémoire, j'étudierai le rôle et l'action du roi à chacune des stations qu'il faisait dans le ciel du temple. Il m'aurait donc suffi d'y renvoyer le lecteur, si tout le travail avait paru en un volume. Détaché en fascicules, il me faut donner ici quelques explications générales sur le sens de ces diverses représentations.

Le roi traversant le temple est assimilé par la croyance égyptienne au soleil traversant l'espace ; et cette croyance veut, que comme soleil, il anime au passage les existences nouvelles qui redescendront sur terre et y maintiendront l'équilibre universel.

C'est l'idée panthéiste du mouvement vital circulant sans cesse entre le soleil et la terre. Chaque existence, humaine, animale ou végétale, dissoute par la mort, son principe de vie, son *ba*, que nous traduisons par le mot *âme,* remonte vers le soleil, et dans les profondeurs de l'Amenti, est l'élément d'une vie nouvelle destinée à animer un corps nouveau.

Le soleil, Amon, anime la nature entière et entre celle-ci et lui, le roi, fils du dieu, est l'intermédiaire par qui le mystère des *devenirs* doit être accompli. C'est lui qui élève vers son père les essences de vie dissoute, lui qui, dans l'Amenti, doit féconder les éléments qu'il y a élevés, les ranimer et les répandre sur terre à nouveau.

Un tableau qu'on rencontrera plus loin symbolise admirablement cette idée. Le roi est représenté debout; sur sa tête plane le soleil, la terre est sous ses pieds, et du disque tombe une double chaîne de vie qui va passer par la main du souverain avant de toucher le sol.

Dans le ciel du temple, deux parties sont distinctes : l'*Ousekht* et ses annexes et le sanctuaire avec son mystère où seul le Pharaon peut entrer. Dans l'*Ousekht,* les dieux confèrent au roi leur pouvoir divin, ils le revêtent des attributions qui lui permettront de produire les conceptions divines ; ils lui confèrent le rôle créateur, les *levers ;* et c'est ici qu'il me semble que ce passage — du-n-n-k kha-k kher ap-k — que l'on traduit généralement : « Je te donne le diadème sur ta tête, » ou « Je te couronne roi, » a un sens cosmique beaucoup plus spécial et doit être interprétée : « Je te donne ton *lever* devant toi, » phrase d'un naturalisme naïf, qui aurait servi dans l'Égypte antique à indiquer le pouvoir générateur. C'est une action génératrice que le Pharaon accomplit en traversant le mystère des sanctuaires ; il féconde les essences, il est « le seigneur auteur des choses » et y produit la vie universelle. A sa sortie, il a réalisé [mâ] l'œuvre conservatrice dont les ministres seront Thot et Horus.

PETITES SALLES LATÉRALES

I. — Salles de gauche ; salle R.

Située sur l'angle où le mur de la salle hypostyle vient s'amorcer au mur d'enceinte, cette salle était en partie ensablée en 1886. Depuis j'ai pu compléter ma copie primitive ; on trouvera les deux registres de tableaux manquants ici dans l'index dont j'ai déjà parlé plus haut.

Mur est ; *IIIe Registre.*

Pl. XXV et XXVI, fig. 85 *(pl. XXVI et XXVII, fig. 84 et 85 du cliché ; classé par erreur comme Ier registre).* — Le commencement de la scène a disparu. Le roi est assis devant une table chargée d'offrandes, son trône s'élève sur le *mâ* ⸥ ; sa main gauche s'étend sur elles pour leur transmettre la vie qu'il tient de la main gauche ; puis il est agenouillé sur le *mâ* ⸥, présentant [l'eau fécondatrice ?] sur ses deux mains, le principe de vie des choses et du double des choses qui sont empilées sur des tables et dont la liste se trouve gravée au-dessus. La barque sacrée se dresse avec son naos, asile mystérieux des recommencements et des conceptions qui assurent l'équilibre du monde ; puis Aménophis est en présence de Maut, coiffée de la double plume de lumière posée sur le signe de la stabilité, qui lui impose la main droite sur la tête, procédant aux passes magiques qui assurent la vertu divine au roi.

Légende. Autour du roi devant la table d'offrandes : « ... Seigneur qui dilate les cœurs, maître des levers, qui s'est emparé de la belle *Urert*...

» Le cercle du disque illumine *Kémit* et *T'éser;* [l'Égypte — la terre noire cultivable et la terre rouge du désert]... les neuf arcs rassemblés sont sous tes sandales ; les régions étrangères sont sous la place de sa face, le dieu bon, maître de la double terre, maître de la *Khopesch,* Ma neb Ra, le fils de Ra, né de son flanc et aimé de lui, Amen hotep hiq ouast, qui donne la vie, la stabilité et la puissance, comme Ra éternellement. »

Au-dessus du roi agenouillé et à gauche de la barque : « Amon donne toute vie et toute puissance auprès d'elle. Dieu grand, il donne la vie ; le dieu bon, maître de la double terre, seigneur auteur des choses, Ma neb Ra, fils de Ra, né de son flanc et aimé de lui, Amen hotep hiq ouast, qui donne la vie éternellement, le prince bon de l'Aât...

» Elle donne vie, affermissement et puissance au seigneur qui est auprès d'elle ; son fils, Ma neb Ra, vivificateur comme Ra. »

Côté droit de la barque, et au-dessus de Maut et du roi : « Dit par Maut, dame du ciel, reine des dieux, qui aime le fils de Ra, maître des deux terres, Ma neb Ra. Fais-moi ce monument beau, purifié, jeune, que je m'y repose en l'aimant ; je t'accorde le don de la vie, de la stabilité et de la puissance.

» Le dieu bon, Ma neb Ra, fils de Ra, Amen hotep hiq ouast, qui donne la vie comme Ra, éternellement. »

Discours de Maut, maîtresse des deux terres : « Je t'ai donné toute force, je t'ai donné la vie et la puissance auprès de moi, je t'ai donné la force auprès de moi, je t'ai donné la dilatation de cœur auprès de moi dans ces monuments beaux, purs, jeunes, excellents que tu as faits pour moi. »

Mur sud. Deux scènes identiques adossées ; l'une donnant le rite du Nord, l'autre le rite du Sud.

9

Pl. XXVII, fig. 86 *(pl. XXVIII, fig. 86 du cliché; classé par erreur comme Ier registre).* — Le roi, coiffé de la couronne du Nord, est debout devant Maut assise, coiffée des deux couronnes, qui tend vers lui la boucle de son collier magique de la main droite, et de la gauche la croix ansée.

Légende : « Le dieu, maître de la double terre, seigneur auteur des choses, Ma neb Ra, fils de Ra, né de son flanc et aimé de lui, Amen hotep hiq ouast, maître de la *Khopesch*, aimé d'Amon, qui donne la vie, la stabilité, la puissance ; il gouverne les deux terres ; son cœur est satisfait. »

Au-dessus de Maut : « Elle donne toute vie, toute prospérité, toute puissance auprès d'elle ; Maut, dame du ciel. »

Pl. XXVII, fig. 87 *(pl. XXVIII, fig. 87 du cliché; classé par erreur comme I^e registre).* — Scène identique, à cette différence près que le roi qui revient au Sud porte la couronne blanche.

Légende. Identique à la précédente, avec cette variante au protocole : « L'élu de Ra, prince des deux régions, aimé d'Amon, qui donne la vie, » etc.

Mur ouest.

Pl. XXVIII, fig. 88 *(pl. XXIX, fig. 88 du cliché).* — Scène identique à celle du mur est.

Légende. Identique à celle du mur est.

Pl. XXIX, fig. 88 bis *(pl. XXIX bis, fig. 88 bis du cliché).* — Scène et inscription identiques à celles du mur opposé.

Salle S.

Salle détruite entre les règnes d'Aménophis III et de Ramsès II ; ce dernier décora le mur extérieur, et dans la salle ne laissa subsister que le troisième registre du mur de l'est, recouvert de bas-reliefs d'Aménophis III ; tout le reste de la pièce est inachevé.

Mur est; *Ier Registre :* Trois tableaux mutilés, les inscriptions très frustes rendent l'enchaînement symbolique de ces scènes assez douteux.

Pl. XXX, fig. 89 *(pl. XXX, fig. 89 du cliché).* — Le roi présentant ○○? à Horus Ra.

Légende. « ... Vois... ces beautés... nombreux que tu fais. »

Pl. XXX, fig. 90 *(pl. XXX, fig. 90 du cliché)*. — Le roi présentant ☉☉? à Horus Ra. Il est coiffé de la double plume lumineuse de la réalisation; des deux vipères, des deux cornes et du disque entre deux cornes plus petites.

Légende. « ... Le roi du Midi et du Nord, maître de la double terre, Ma neb Ra, fils aimé de Ra, Amen hotep hiq ouast, qui donne la vie comme Ra. »

Devant Horus : « Il donne toute vie, toute vigueur avec lui. »

Horus représente ici le principe réparateur qui maintient l'équilibre dans la nature.

Pl. XXX, fig. 91 *(pl. XXX, fig. 91 du cliché)*. — Le roi faisant l'encens (voir plus haut) devant Khonsou nefer hotep. Il a la double couronne qu'il porte après être remonté vers le Nord et redescendu vers le Sud; c'est-à-dire traversé le ciel pour y animer toutes choses.

Nékheb la lumineuse tient le sceau du mystère sur sa tête et lui communique l'influence magique; devant lui se dresse Ouadjit.

Légende : « Faisant l'encensement, il produit l'agent de divinisation, le roi du Midi et du Nord, Ma neb Ra, fils de Ra, Amen hotep hiq ouast, l'élu de Ra, prince des deux régions. »

Devant Khonsou : « Je t'ai donné toute vie, toute stabilité, toute puissance auprès de moi, Khonsou nefer hotep. Je t'ai donné la royauté de la double terre; toutes les régions étrangères sont sous tes sandales, selon le désir du père Amon. »

Salles latérales de droite. Salle X.

Une seule de ces salles porte des traces de décoration, modifiée par des remaniements de basse époque; elle a été refendue en deux par un mur ajouté après coup; le premier registre subsiste seul.

Mur est ; *Ier Registre.*

Pl. XXXI, fig. 92 *(pl. XXXI, fig. 92 du cliché)*. — Le roi présentant?... à Amon.

Légende détruite.

Pl. XXXII, fig. 93 *(pl. XXXII, fig. 93 du cliché)*. — Le roi coiffé de la double lumière de réalisation, du disque et des deux cornes verse l'eau fécondatrice sur un autel placé devant Amon ithyphallique.

Légende effacée ; en une colonne derrière l'Amon-Khem : « Je t'ai donné la royauté de la double terre, te levant comme Ra chaque jour. »

A gauche du tableau : « Il fait le feu à son père Amon. »

Pl. XXXIII, fig. 94 *(pl. XXXIII, fig. 94 du cliché).* — Le roi présentant l'eau à Amon Ra.

Légende. « Faisant l'eau, il produit l'agent de divinisation [le roi du Midi et du Nord], Ma neb Ra, [fils de Ra], Amen hotep hiq ouast... »

Devant Amon. « ... Sa demeure, maître du ciel... toutes dilatations de cœur ; les *hotepou* et les *t'éfoou...* »

Mur ouest.

Pl. XXXI, fig. 95 *(pl. XXXI, fig. 93 du cliché).* — Le roi présentant le vin à Amon Ra.

Légende. « Faisant le vin, il fait le don de vie.

» Amon Ra, seigneur de Nestaoui... la force de tes membres... il fait le *hessest* au père Amon. »

Pl. XXXII, fig. 96 *(pl. XXXII, fig. 95 du cliché).* — Le roi coiffé de la double lumière de la réalisation, du disque et des deux cornes, verse l'eau fécondatrice devant l'Amon ithyphallique.

Légende. « ... Je t'ai donné l'eau mystérieuse,... Amon Ra, maître du ciel.

» Monuments affermis comme le ciel... voici... comme... de tes monuments. »

Pl. XXXIII, fig. 97 *(pl. XXXIII, fig. 97 du cliché).* — Le roi présentant... (?) à Amon Ra.

Légende détruite.

PRONAOS. — SALLE B ; SALLE DU LEVER OU *OUSEKHT-KHA*

A quelques dégradations près, cette salle est la mieux conservée de tout le temple. Une petite brèche coupe le mur est ; et le mur ouest est au niveau du premier registre fortement effrité. Néanmoins l'ensemble est complet.

Architraves de la salle.

Première architrave de la salle, côté est ; une seule ligne :

« Le Vivant, l'Horus, taureau puissant qui se lève en vivificateur, le seigneur des diadèmes, qui maintient les principes, qui affermit les deux terres, l'Horus d'or, grand par la *Khopesch*, vainqueur des Sati, le roi du Midi et du Nord, Ma neb Ra, fils de Ra, aimé des dieux, maître des levers, Amen hotep hiq ouast, aimé d'Amon Ra, le roi des dieux, maître du ciel, pasteur de Thèbes, qui donne la vie comme le soleil à jamais. »

Côté ouest ; inscription en une seule ligne [1] :

« Le Vivant, l'Horus, taureau puissant qui se lève en vivificateur, seigneur des diadèmes, qui maintient les principes, qui affermit les deux terres, l'Horus d'or, grand par la *Khopesch*, vainqueur des Sati, le dieu bon, pasteur de Thèbes, maître des deux terres, Ma neb Ra, fils aimé de Ra, Amen hotep hiq ouast. Il a fait les monuments du père qui l'aime. Il donne la vie, la stabilité, la puissance, la vigueur comme le soleil à jamais. »

Deuxième architrave, côté est ; inscription sur une seule ligne :

« Le Vivant, l'Horus, taureau puissant qui se lève en vivificateur, le dieu

---

1. De droite à gauche.

bon, fils de Ra, fils de Phtah, le fils excellent de Ra, le roi du Midi et du Nord, Ma neb Ra, aimé de Ra; il a fait ses monuments à son père Amon Ra... il a fait [cela] le fils du soleil, Amen hotep hiq ouast, qui donne la vie comme le soleil à jamais. »

Côté ouest ; inscription sur une seule ligne[1] :

« Le Vivant, l'Horus, taureau puissant qui se lève en vivificateur, le dieu bon, maître de... ses beautés, le roi du Midi et du Nord, Ma neb Ra, aimé de Ra. Il a fait ses monuments à son père Amon Ra... Il a fait [cela] le fils du soleil, Amen hotep hiq ouast, qui donne la vie, la stabilité et la puissance comme le soleil éternellement. »

Tableaux de la salle (trois registres).
Mur nord ; côté droit ; trois registres :

I⁼ʳ Registre.

Pl. XXXIV, fig. 98-99 *(pl. LVII, fig. 139-140 du cliché ; classé par erreur comme IIIe registre).* — Le roi est debout dans un naos ; des offrandes sont devant lui. Derrière lui « le double » ou « la personnalité royale, le vivificateur, maître des deux terres, l'Horus royal » tient le bâton à tête dorée. Le roi est appelé « le dieu beau, seigneur auteur des choses, maître des levers, possesseur de la couronne blanche (c'est-à-dire revêtu du pouvoir vivificateur) ». Il tient à la main droite le symbole de vie ; de la main gauche, la tige qui pousse ⵊ. « C'est l'Horus, taureau qui se lève en vivificateur, le roi du Midi et du Nord, Ma neb Ra, fils aimé de Ra, Amen hotep hiq ouast, qui donne la vie comme le soleil. »

Plus loin, hors du naos, « c'est lui qui se lève avec la couronne du Midi et la couronne du Nord (c'est-à-dire réalisant l'œuvre de vivification), sur le siège d'Horus, qui donne la vie en qualité de soleil ». Au

1. De droite à gauche.

bas du tableau est la demeure de résurrection, la grande demeure. Aux registres supérieurs, l'intérieur de la grande demeure. Le taureau Bitaou étendu mort trois fois; après quoi, il se relève en roi du Nord à l'Orient, et parcourt le chemin du Nord au Sud, pour aller « dieu beau, seigneur des des deux terres », renaître à l'Orient avec le sceptre blanc.

Après cette scène, le roi vainqueur, tenant de la main droite le flambeau de la résurrection, de la main gauche le sceptre blanc et la baguette magique. Au-dessus de lu , la bannière royale avec l'Horus. Devant lui, quatre séries de deux autels où se confondent aux quatre points cardinaux les deux principes de la reproduction.

Légende. « Touchant quatre fois (c'est-à-dire aux quatre points cardinaux), il donne la vie, l'Horus, taureau puissant qui se lève en vivificateur, le roi du Midi et du Nord, Ma neb Ra, fils de Ra, Amen hotep hiq ouast, qui donne la vie, la stabilité, la puissance. Il se lève sur le trône d'Horus pour l'éternité. »

IIe Registre.

Pl. **XXXV**, fig. 100 *(pl. LVI, fig. 138 du cliché).* — Le roi, coiffé de la couronne rouge, tient de la main droite le symbole de vie et le sceptre blanc, de la main gauche la tige ⚑. Un jeune garçon avec la tresse enfantine, revêtu de la peau de panthère, symbole de la renaissance; et devant lui, une femme coiffée comme celles qui représentent le principe féminin au tombeau de Rekh ma Ra [1]. On lit dans le cadre du tableau ; « Germe divin, don divin ; dans le moment de la conception lumineuse (?) au 𓎛 (?). Dieux, rendez glorieux (fécond ?) le renouvellement royal. Venant vers votre... vers votre... Je vous donne votre fils, Amen hotep hiq ouast, l'Horus, taureau puissant qui se lève en vivificateur. Toute l'action vivifiante est avec eux, toute stabilité, toute puissance est avec eux. Ma neb Ra, l'Horus, taureau puissant, toute l'action vivificatrice du père... votre esprit, votre perfection, votre don... il fait... fêtes très nombreuses. Voici Amen hotep hiq ouast, en roi du Midi et du Nord, prince des vivants. Le lever royal est vu à la *salle du Lever.* »

De l'autre côté, trois registres de personnages ; l'un apporte un œuf.

1. Voir Ph. Virey, *Le Tombeau de Rekh-ma-ra,* dans les *Mémoires de la Mission.*

Légende. « Amon, le voici. » D'un petit vase s'élève une flamme ; un autre est couronné de trois petites flammes, symbole de résurrection. Au-dessus sont six grains d'encens, représentant les deux principes de vie, dont l'union forme les trois flammes nouvelles. Dans la même colonne sont les noms d'Amon et d'Ament. Légende : « Dire trois fois : Amon. » Cette représentation se répète dans toutes les colonnes du texte ; c'est d'abord le vase avec la petite flamme, l'autre vase avec les trois flammes et les six grains comme précédemment, les noms d'Ament et de Toum et la légende : « Dire quatre fois : Ament ; dire quatre fois : Toum, » puis de nouveau le vase avec la petite flamme, l'autre avec les trois flammes et les six grains, les noms de S'hou et de Tafnout et la légende : « Dire quatre fois : S'hou. » Le vase avec la petite flamme, l'autre avec les trois flammes et les trois grains d'encens, les noms de Seb et de Nout et la légende : « Dire quatre fois : Seb. » Le vase avec la petite flamme, l'autre vase avec les trois flammes et les trois grains d'encens, les noms d'Osiris et d'Isis et la légende : « Dire quatre fois : Osiris. » Le vase avec la petite flamme, l'autre avec les trois flammes et les trois grains d'encens, les noms de Set et de Nephthys et la légende : « Dire quatre fois : Set. » Le vase avec la petite flamme, l'autre vase avec les trois flammes et les trois grains d'encens, les noms d'Horus et Hathor et la légende : « Dire quatre fois : Horus. » Le vase avec la petite flamme, l'autre vase avec les trois flammes et les trois grains d'encens, les noms de Sébek et de Rément et la légende : « Dire quatre fois : Sébek. »

Enfin l'inscription : « Parole d'Amon, seigneur de Nestaoui, dieu grand. Fait à lui présentation, don, offrande, double purification... les membres... »

IIIe Registre.

Pl. XXXVI, fig. 101 *(pl. LV, fig. 136 du cliché ; classé par erreur comme Ier registre).* — Le roi est en présence d'Amon Ra, seigneur de Nestaoui, maître du ciel, qui lui fait l'imposition des mains et procède aux passes magiques habituelles. Le roi est qualifié de : « Seigneur auteur des choses, maître des levers, Ma neb Ra, fils de Ra, Amen hotep hiq ouast, qui donne toute vie, toute stabilité, toute puissance, toute vigueur comme Ra éternellement. »

Pl. XXXVI, fig. 102 *(pl. LV, fig. 137 du cliché; classé par erreur comme Ier registre)*. — Le roi tient le bâton noué en spirale et le faisceau de quatre vies à donner aux quatre points cardinaux; vies qu'il transmet par un fil conducteur à quatre jeunes taureaux, un « noir », un « blanc », un « jaune », un « rouge ».

« Touchant (?) les taureaux d'Amon, il fait vivification comme le soleil », dit la légende : « Le dieu bon, maître de la double terre, le seigneur auteur des choses, le roi du Midi et du Nord, Ma neb Ra, fils de Ra, Amen hotep hiq ouast, qui donne la vie, la stabilité, la puissance et la force. »

En face du roi est Amon ithyphallique, « Amon Ra, seigneur de Nestaoui, maître du ciel dans son *Apt* », debout sur le *mâ* ⊏═ et élevant le fouet magique sur les perséas : « Je te donne — dit-il au roi — toute vie et toute puissance auprès de moi, toute force auprès de moi. Je t'ai donné des années de vie innombrables comme Ra, chaque jour. »

Mur est, trois registres.

Ier Registre.

Pl. XXXVII, fig. 103 *(pl. L, fig. 128 du cliché; classé par erreur comme IIIe registre)*. — Le roi est debout devant Amon; de la main gauche il lui présente la flamme, de la main droite il tient le ♀ au-dessus d'une table chargée d'offrandes.

Légende. « Faisant griller les viandes [sur la flamme de] l'autel, il fait le don de la vie, l'Horus, taureau puissant qui se lève en vivificateur; le maître des diadèmes qui maintient les principes, qui met en paix les deux terres; le roi du Midi et du Nord, maître des levers, Ma neb Ra, fils du soleil, aimé de lui, Amen hotep hiq ouast, qui donne la vie, la stabilité, la puissance, la force avec la couronne du Midi et la couronne du Nord à la place de l'Horus de tous les vivants, comme Ra, éternellement. »

Amon Ra, seigneur de Nestaoui, lui dit : « Je t'ai donné l'éternité des royautés, je t'ai donné toutes les terres... les *Pad* sous tes sandales. »

Pl. XXXVIII et XXXIX, fig. 104-105 *(pl. LI et LII, fig. 129 et 130 du cliché; classé par erreur comme IIIe registre)*. — Le roi est debout,

10

tenant de la main gauche le (?), de la droite la vie et le sceptre blanc.
Sur sa tête, Nekheb, la lumineuse, fait l'influence divine. Devant lui
défilent des prêtres portant sur des brancards des vases de formes phalliques, aux pieds desquels s'accroupissent des sphinx, symboles d'Horus
renaissant, ou des figurines représentant le roi à genoux imposant les
mains sur le vase. Puis le souverain est debout ; de la main droite il
élève le flambeau qui éclaire les renaissances ; de la gauche il tient la
baguette magique et le sceptre blanc. Comme à la scène précédente,
Nekheb plane sur sa tête et lui communique l'influence magique. Il
laisse derrière lui le coin du ciel inaccessible à la lumière des vivants, le
signe de l'ombre et le sceau du mystère céleste. Entassés sur quatre
rangées, des autels sont chargés de vases et d'*images d'argent ;* les vases
sont entourés et couronnés de fleurs de lotus et sont également tenus par
des figurines royales ou des sphinx accroupis. Par analogie, il est facile
d'établir que ces vases sont des images phalliques ; il en existe de semblables au temple de Khonsou, à Karnak, dont le détail ne laisse place à
aucun doute ; à la dernière scène, le souverain est en présence d'Amon
et met un de ces vases phalliques en communication avec les plumes de
lumière du dieu ; le sens mythique est encore trop obscur pour qu'ici je
cherche à l'établir d'une façon précise ; je l'aborderai dans l'étude générale
du mythe d'Amon.

Voici les diverses légendes :

Les inscriptions de la première des deux scènes sont très mutilées ; on
lit dans la première ligne : « Ma neb Ra se levant en roi de la double
terre ; faisant suivre... Il vient, Ma neb Ra, aimé d'Amon, le fils du
soleil, Amen hotep hiq ouast, vivificateur. »

La seconde partie donne :

« Faisant le [hieroglyphs], il donne la vie, le roi du Midi et
du Nord, Ma neb Ra, fils de Ra, Amen hotep hiq ouast, qui donne vivification, puissance, affermissement comme Ra.

» Le dieu bon, maître des levers, Ma neb Ra, fils de Ra, Amen hotep
hiq ouast, vivificateur, le maître des levers, le maître de la double terre,
Ma neb Ra, vivificateur.

» Ma neb Ra, maître de la double terre, seigneur auteur des choses, vivificateur, Amen hotep hiq ouast, vivificateur comme Ra, le dieu bon, Ma neb Ra, vivificateur comme Ra.

» Le dieu bon, maître de la double terre, Ma neb Ra, le dieu bon, seigneur auteur des choses, Amen hotep hiq ouast. »

Pl. XL, fig. 106 *(pl. LIII, fig. 131 du cliché; classé par erreur comme IIIe registre).* — C'est la scène dont il a été question au paragraphe précédent : Le roi est debout devant Amon et Maut, assis sur des trônes. A deux mains, il tient un vase de forme phallique, qui va s'appuyer à la plume lumineuse d'Amon, symbole de l'accomplissement du Mâ, de la renaissance et de la résurrection. Les légendes n'éclaircissent pas cette représentation singulière.

Autour du roi : « Le roi du Midi et du Nord, Ma neb Ra, fils de Ra, Amen hotep hiq ouast, qui donne vivification, puissance et affermissement comme Ra. »

Amon Ra, seigneur de Nestaoui, maître du ciel dans Apet, lui dit : « ... Maut, maîtresse du ciel, régente des dieux, dominatrice de Rès et de Khema. »

IIe Registre.

Pl. XLI, fig. 107 *(pl. XLVII, fig. 125 du cliché).* — Défilé des barques sacrées, dont le naos est l'asile mystérieux des recommencements. Chaque barque est portée sur un palanquin par deux groupes de prêtres.

Le roi coiffé de la couronne blanche tient de la main gauche le sceptre *hiq* devant son visage ; de la main droite la vie. Les textes le nomment : « Le roi du Midi et du Nord, maître de la double terre, Ma neb Ra, fils aimé de Ra, Amen hotep hiq ouast, qui fait vivification comme Ra éternellement.

» Suivant le dieu, il fait vivification. »

Derrière lui se tient le double ou « la personnalité royale, l'Horus qui vivifie la double terre », caché dans les profondeurs du Douaout.

Devant le roi est la barque avec son naos et au-devant d'elle apparaît encore une seconde figure du souverain, marchant retourné vers le naos et étendant les mains vers lui. Nékheb plane sur sa tête et de nouveau les textes le nomment : « L'Horus, taureau puissant, qui se lève en réalisateur, le dieu bon, maître de la double terre, seigneur auteur des choses, le roi du Midi et du Nord, Ma neb Ra, fils de Ra, Amen hotep hiq ouast, qui fait vivification comme Ra, éternellement. »

Au-dessus de la barque on lit : Discours [d'Amon] : « Fils que j'aime, Ma neb Ra ! Est beau ce monument que tu as fait pour ton père, auteur de tes beautés. Tu es irréprochable pour l'éternité. »

Le reste est coupé de lacunes. On lit : « Comme héritier... affermi... dans sa course, il donne la vie.

» Roi par lui-même, en suivant son père dans sa course, il donne la vie. »

Pl. XLII, fig. 108 *(pl. XLVIII, fig. 126 du cliché).* — Deuxième barque, de tous points semblable à la première.

Légende. « Dit par Maut, dame d'Acherel, maîtresse du ciel, reine des dieux : — Fils de Ra, né de son flanc, Amen hotep hiq ouast, est beau le monument que tu as fait à ton père ; entièrement parfaite, Thèbes, pour les âges par ses travaux parfaits pour l'éternité. Consacre une fête chaque jour à ton père qui t'a affermi sur ton trône ; offre-lui millions sur millions d'années vivifiées, comme Ra chaque jour. »

Pl. XLIII, fig. 109 *(pl. XLIX, fig. 127 du cliché).* — Troisième barque que suit et précède le roi. Lorsqu'il la suit, il tient de la main droite le sceptre *hiq* sur son épaule. Ouat'jit plane sur sa tête, disposant l'influence magique derrière lui. C'est « le roi du Midi et du Nord, maître de la double terre, suivant le dieu dans sa course. »

Au-devant de la barque, il est retourné vers le naos devant lequel il fait l'encens. Nékheb plane sur sa tête. Il est appelé « le maître des levers, Ma neb Ra, maître de la double terre, Amen hotep hiq ouast. »

« Faisant brûler l'encens pour Amon Ra, il donne la vie chaque jour, le dieu bon, maître de la double terre, seigneur auteur des choses ; il fait la cérémonie [aimée] d'Amon. »

Au-dessus de la barque : « Il donne toute vie et toute force, Amon Ra, le seigneur de Nestaoui, le maître du ciel ; il donne de faire des millions de fêtes réunies. »

IIIe Registre.

Pl. XLIV, fig. 110 *(pl. XLVI, fig. 124 du cliché; classé par erreur comme Ier registre).* — Le roi présentant les sistres au dieu ; Amon, en échange, lui tend la vie. Le sistre était considéré, ainsi qu'on verra plus loin, comme chassant les principes mauvais qui s'opposent à la réalisation de l'œuvre créatrice. Les Grecs en ont eux-mêmes conservé la légende ; on secouait des sistres ou des tambourins pour éloigner le principe mauvais.

« Faisant la présentation des sistres, il donne la vie, le dieu bon, maître de la double terre, maître des levers, seigneur auteur des choses, le maître de la *Khopesch*, le roi du Midi et du Nord, qui s'empare de toutes les terres, Ma neb Ra, maître des levers, Amen hotep hiq ouast, qui donne la vie, la stabilité, la puissance, comme Ra, éternellement. »

Discours [d'Amon] : « Fils aimé, Amen hotep hiq ouast, prends ta parure (?) à ton désir (?), en qualité de vivant, d'affermi et de stable, pour ta face belle qu'aiment tous les dieux.

» ... Ton double royal... millions de *devenirs*... »

Pl. XLIV, fig. 111 *(pl. XLVI, fig. 123 du cliché; classé par erreur comme Ier registre)*. — Le roi porte sur la tête la couronne, symbole de l'ouverture de la double lumière et frappe de son sceptre quatre corbeilles d'offrandes aux quatre points cardinaux ; deux fois la lumière en jaillit au Midi et deux fois au Nord.

« Frappant quatre fois les tas d'offrandes au passage... Amon Ra dans son *Apt*.

» C'est le Dieu beau, sur le trône d'Horus, comme Ra, le dieu bon, maître de la double terre, seigneur auteur des choses, le roi du Midi et du Nord, maître des levers, Ma neb Ra, qui donne la vie, la stabilité, la puissance comme Ra, il fortifie et dilate son cœur avec son *double*, comme Ra.

» Fils que j'aime, — lui dit Amon, — Amen hotep hiq ouast, je t'ai donné les années par millions, tu es sur le siège d'Horus se levant comme Amon, le seigneur de Nestaoui, vivant et puissant comme Ra.

Pl. XLIV, fig. 112 *(pl. XLVI, fig. 122 du cliché; classé par erreur comme Ier registre)*. — Le roi brûle l'encens devant Amon ithyphallique.

« Faisant l'encens, il fait le don de la vie, il pacifie son cœur, le dieu bon, maître de la double terre, Ma neb Ra, fils aimé de Ra, Amen hotep hiq ouast, qui donne la vie comme Ra.

» Je t'ai donné la vie, lui dit Amon Ra, seigneur de Nestaoui, le maître du ciel, prince de Thèbes; je t'ai donné la puissance, la force, la dilatation de cœur auprès de moi. »

Pl. XLV, fig. 113 *(pl. XLV, fig. 121 du cliché; classé par erreur comme Ier Registre. —* Le roi élevant le ⚬ au-dessus de deux autels chargés de vases.

Légende. « Frappant quatre fois 𓏤 𓎛, il donne la vie, le dieu bon, maître de la double terre, le roi du Midi et du Nord, maître de la *Khopesch,* Ma neb Ra, le fils aimé de Ra, Amen hotep hiq ouast, qui fait vivification comme Ra.

» Je t'ai donné la force, lui dit Amon, je t'ai donné la vie et la puissance, je t'ai donné des millions [de renouvellements] comme Amon Ra, le seigneur de Nestaoui. »

Pl. XLV, fig. 114 *(pl. XLV, fig. 120 du cliché; classé par erreur comme Ier registre). —* Le roi, présentant ⚬ à Amon.

Légende. « Le dieu bon, Ma neb Ra, fils de Ra, Amen hotep hiq ouast, qui donne la vie comme Ra.

» Il donne toute vie et toute force, Amon Ra, le maître des dieux.

» Je t'ai donné — dit Amon — vie et puissance ; je t'ai donné de faire des millions de fêtes... la couronne blanche dans des panégyries nombreuses. »

Pl. XLV, fig. 115 *(pl. XLV, fig. 119 du cliché; classé par erreur comme Ier registre). —* Amon procédant à des passes magiques sur la nuque et la face du roi.

Légende. « Le seigneur auteur des choses, Ma neb Ra, maître des levers, Amen hotep hiq ouast, qui donne la vie, la stabilité, la vigueur.

» Amon Ra, maître du ciel, roi de tous les dieux. »

Mur sud, trois registres.

Ier Registre.

Pl. XLVI, fig. 116 *(pl. XLI, fig. 111 du cliché; classé par erreur comme IIIe registre). —* Maut, la grande dame d'Acherel, tient dans sa main gauche la vie à poignées, de la main droite le signe des renouvellements ⸰ terminé par le têtard indiquant l'infinité, sur le sceau qui ferme le mystère; à son coude est suspendu le signe des fêtes, avec la légende :

« Faire fêtes et panégyries. » Ament la précède; de la main droite, elle porte le même attribut que Maut. Comme elle, elle a au coude le signe des fêtes, avec l'inscription :

« Toute vie, durée et prospérité, toute durée de prospérité, toute force.»

De la main gauche, elle tend la vie au roi. Celui-ci la prend de la main droite et se présente devant Amon, qui pratique une passe magique sur sa nuque et à sa face pour lui communiquer ses dons par influence.

Légendes. « Dit par Ament, qui est au cœur de Thèbes : Reçois ton fils que tu aimes (ces paroles s'adressent à Amon), — ou ton âme que tu aimes. — Mesure lui une multitude d'années en qualité d'héritier. Voici le monument beau, prospère, achevé (c'est-à-dire l'œuvre vivificatrice qu'il a accompli), qu'il a fait pour Amon Ra, seigneur de Nestaoui dans Thèbes, pour la durée de l'éternité. Maut, la grande dame d'Acherel, [dit aussi] : Amen hotep hiq ouast, je te donne des renouvellements par millions, comblés de vie, stabilité et prospérité. »

Discours d'Amon Ra, le seigneur de Nestaoui, maître du ciel : « Je t'ai donné la vie et la puissance devant ta beauté; fils chéri; Amen hotep hiq ouast, viens auprès de moi, le créateur de tes beautés. Je te donne des millions... »

Au-dessus du roi : « Le roi du Midi et du Nord, Ma neb Ra, fils aimé de Ra... »

IIe Registre.

Pl. XLVI, fig. 117 *(pl. XLI, fig. 110 du cliché)*. — Le roi apparaît encore entre Toum et Menthou. C'est là une personnification du soleil au milieu de sa course; Menthou, c'est l'astre qui surgit, le dieu guerrier qui a mis en fuite l'ennemi. Toum, c'est le soleil couchant, l'astre qui disparaît pour s'enfoncer dans la nuit. En face de ce groupe Amon est assis sur son trône, tenant le ☥ et le ⌐ en mains.

Les légendes accentuent le rôle vivificateur du roi :

« Que soit vivificateur *(hotep)*, mon fils chéri, Ma neb Ra que j'aime, dit Amon Ra, le pasteur de Thèbes; je lui ai donné la vie, la puissance et la santé. »

Menthou prend à son tour la parole et dit : « Fils de Ra, Amen hotep hiq ouast, viens voir ton père, » enfin Toum dit : « Roi du Midi et du

Nord, Ma neb Ra, le fils d'Amon, Amen hotep hiq ouast, qui donne toute vie, toute stabilité, toute puissance, les années de vie par millions... »

IIIe Registre.

Pl. XLVII, fig. 118 *(pl. XL, fig. 109 du cliché; classé par erreur comme Ier registre).* — Le roi est entre Toum et Sekhet qui le tiennent par la main. Toum lui fait respirer le ♀, Sekhet tient le sceptre du renouvelle-ment ⌇. Devant le groupe, Amon est assis sur son trône, le ⌇ et le ♀ en mains.

Les légendes donnent : « Dit par Toum, le seigneur des *doubles* (?), Ra neb Ma, viens en [vivificateur]... »

Derrière « le seigneur auteur des choses, Ma neb Ra, maître des levers, Amen hotep hiq ouast, » Sekhet dit : « Fils que j'aime, viens que tu voies... force comme le soleil chaque jour. » Amon, placé au fond de la scène, dit enfin à son tour au roi : « Je t'ai donné la vie, je t'ai donné la stabilité, je t'ai donné la puissance, je t'ai donné les années innom-brables; toute vigueur, toute dilatation de cœur est auprès d'Amon Ra. »

Cette scène, comme les précédentes, se rapporte aux assimilations du rôle du roi, en tant que soleil; ses apparitions entre les divinités du pan-théon égyptien sont les phases de la course de Ra, et ses manifestations ayant pour but le maintien et la conservation de l'existence.

Mur nord, côté gauche de la porte.

Ier Registre.

Pl. XLIX, fig. 119 *(pl. LIV, fig. 135 du cliché; classé par erreur comme IIIe registre).* — Préparation de la reproduction. Amon-Khem est debout sur un pavois, soutenu par deux groupes de porteurs. Devant lui, le roi fait l'encensement, agent de renouvellement divin qui précède une renaissance, et l'érection phallique du dieu se produit en même temps que la flamme s'élève de la cassolette. Le disque ailé, « l'habitant de Hud, dieu grand, resplendissant de lumière, maître du ciel », éclaire cette renaissance.

Khem ressuscité prend le nom d'Amon Ra, seigneur de Nestaoui, et dit au roi : « Je t'ai donné toute dilatation de cœur, toute vie, toute sta-bilité, toute force auprès de moi. »

Derrière le dieu, on voit encore le roi qui le soulève de la main gauche pour la résurrection, avec la légende : « Il soulève le dieu, le maître de la double terre, Ma neb Ra, fils de Ra, Amen hotep hiq ouast, qui donne vivification et puissance comme Ra. » Il tient à la main droite la vie qu'il va lui communiquer, la vie que lui a passée le double royal, « le vivifiant qui habite le *Duāut*, l'Horus soleil, chef des doubles... avec la bannière royale ». Des porteurs amènent un autel d'où s'élève un groupe de perséas (voir au papyrus d'Orbiney la sortie des perséas qui prépara la renaissance de Bitaou). Celui qui va renaître « c'est le dieu beau, maître des deux terres (sous la forme de Khem) que suit Ma neb Ra ».

IIe *Registre.*

Pl. XLIX, fig. 120 *(pl. LIV, fig. 134 du cliché).* — Le roi versant le vin et le lait sur les offrandes placées sur l'autel devant Amon assis.

Légende. « Faisant la libation du vin et du lait, il donne la vie, le dieu bon, maître de la double terre, seigneur auteur des choses, le maître des levers, qui prend la belle *Urert* (la couronne blanche), le roi du Midi et du Nord, Ma neb Ra, fils de Ra, Amen hotep hiq ouast, qui donne la vie comme Ra. »

Amon, le seigneur de Nestaoui, dans son Apet, maître du ciel, lui dit : « Je t'ai donné d'accomplir des années innombrables sur le siège d'Horus. »

IIIe *Registre.*

Pl. XL, fig. 121 *(pl. LIII, fig. 133 du cliché; classé par erreur comme Ier registre).* — Le roi présentant à Amon le ⋀.

Légende. « Faisant le ⌐ △ ⌐ ⌐, il donne la vie, le dieu bon, maître de la double terre, maître des levers, Ma neb Ra, fils du soleil, né de son flanc, Amen hotep hiq ouast, vivificateur. »

Amon, le seigneur du ciel, lui dit : « Je t'ai donné le trône de Seb. »

Pl. XL, fig. 122 *(pl. LIII, fig. 132 du cliché; classé par erreur comme Ier registre).* — Le roi est debout devant une table chargée d'offrandes sur lesquelles il lève son sceptre ; de l'autre côté se tient Amon, le ⌐ à la main ; Nékheb, la lumineuse, plane sur la tête du roi et lui communique l'influence ; le texte donne : « Frappant quatre fois d'une *Khopesch éprouvée,* il donne la vie, le roi du Midi et du Nord, maître des deux terres, Ma neb Ra, le fils aimé de Ra, Amen hotep hiq ouast, dieu bon, maître de la double terre. »

Amon lui dit : « Je t'ai donné... des panégyries très nombreuses. »

Mur ouest, trois registres.

Ier Registre.

Pl. L, fig. 123 *(pl. XXXIX, fig. 106 du cliché; classé par erreur comme IIIe registre).* — Le roi est debout, appuyé de la main gauche à la tige qui pousse ⚕ : devant lui se dresse Ouat'jit, qui lui communique par influence toute vie, toute puissance et toute dilatation de cœur. « C'est le roi ceignant la couronne blanche et la couronne rouge, Ma neb Ra, qui donne la vie. »

Devant lui, sur deux registres, six personnages porteurs de vases, dont le couvercle est une tête de bélier ; puis, un palanquin soutenu par quatre groupes de porteurs, et sur lequel sont de grands vases pareils, surmontés de l'uræus, coiffée du disque entre les deux cornes ; c'est là, à n'en pas douter, une figuration symbolique de la circulation du principe vital, le liquide fécondateur, sang du taureau Bitaou-Osiris, qu'on retrouve aux tableaux suivants ; la plupart des inscriptions ont disparu, la seule où l'on distingue quelques signes commence par les mots : « C'est la cérémonie deux fois pure... renouvellement... »

Pl. L *bis,* fig. 124 *(pl. XXXVIII, fig. 105 du cliché; classé par erreur comme IIIe Registre).* — La renaissance ainsi préparée par les cérémonies précédentes s'opère. C'est la réapparition du soleil après la nuit, la résurrection des êtres après la mort. Le roi coiffé de la couronne rouge tient dans chaque main le vase ⚱ qui contient le liquide fécondateur, sang du taureau Bitaou-Osiris qui tomba des deux côtés nord et sud de la porte du roi et fit renaître Bitaou après plusieurs transformations. Assimilé au soleil, il passe en courant dans l'espace ; il *se lève.* Au mur opposé il a accompli le voyage vers le Nord, après la mort, en suivant la rive occidentale ; maintenant il revient naître au Sud, en suivant la rive orientale.

« C'est le roi du Midi et du Nord, le maître de la double terre, le seigneur auteur des choses Ma neb Ra, vivificateur, le fils du soleil né de son flanc, Amen hotep hiq ouast, qui donne la vie, la stabilité, la puissance. » Derrière lui, le double (?) élève par deux fois sur un pavois une figurine représentant le roi « faisant l'encensement » : « Lève-toi — dit la légende — en renouvellements infinis. »

Devant le roi sont disposés sur deux autels des vases semblables à ceux que tout à l'heure des prêtres portaient sur leurs épaules; au-dessous sont trois autres vases avec les grains d'encens et dans la lacune devait prendre rang une série de trois autres godets pareils, symbole de la vie dans ses deux états et de la triple union des deux principes qui concourent à sa procréation. De l'autre côté de ces vases enfin, se tiennent Amon et Hathor. Amon ayant en mains le ☥ et le ⎋, la vie et la puissance; Hathor, la vie ☥ et le renouvellement ⎇. Le discours d'Amon, seigneur de Nestaoui, a disparu. Maut, dame de Ôn, dit : « Fils aimé de lui, tu as fait vivification. » La présence de Maut indique la part du principe féminin concourant à la procréation.

IIᵉ Registre.

Pl. LI, fig. 125 *(pl. XXXVII, fig. 104 du cliché).* — « Amon Ra, maître du ciel, » est assis devant une table d'offrandes. Le roi debout, de l'autre côté de la table, lui présente de la main droite l'encens allumé, *art snuter*, et « produit l'agent de renouvellement ». De la main gauche, il porte trois tiges fleuries, de la forme des trois autels-chandeliers que l'on voit au tombeau de Rekhmara [1], dans la scène qui prépare la renaissance, avec la même légende *art snuter*. Cette légende ajoute : *du ret uet'j*, à comparer avec la légende *temet uet'j*, du tombeau de Rekhmara, qui exprime la germination et la floraison des semences. Amon Ra dit au roi : : « Je t'accorde toute durée et prospérité, toute force et l'accomplissement de millions en fait de renouvellements; je t'accorde toute durée et prospérité et les neuf arcs sous tes sandales; je t'accorde l'accomplissement de millions en fait de panégyries et de fêtes. »

Au-dessus du roi, « le maître des diadèmes qui maintient les principes, qui affermit les deux régions; le roi, dieu bon, seigneur auteur des choses,

---

1. Voir Ph. Virey, *Le Tombeau de Rekh-ma-ra,* dans les *Mémoires de la Mission.*

maître de la *Khopesch*, maître de la double terre, Ma neb Ra, maître des
levers ; Amen hotep hiq ouast, qui donne la vie comme Ra, chaque jour »,
plane Nekheb « donnant (par communication) la vie et la prospérité,
comme il est agréable, à Amen hotep hiq ouast, vivificateur ».

Puis une procession de personnages disposés sur deux registres. Au
registre inférieur, on les voit battant des mains, présentant l'encens,
portant des tabernacles sur leurs épaules (le battement des mains comme
le bruit de sistres doit chasser les principes dissolvants qui entraveraient
l'éclosion des germes ; l'encens, c'est l'agent des rénovations ; les tabernacles, l'asile mystérieux où s'opèrent les fécondations).

Légende. « Disent les porteurs d'Amon, de Ra et de Toum (c'est-à-dire
le soleil ou le roi aux différents moments de leur action) : Soit la venue
m hotep (vivificatrice ?), agréable à Ma neb Ra, qui donne la vie ; soit la
venue vivificatrice agréable à Amen hotep hiq ouast, qui donne la vie ;
soit la venue vivificatrice agréable à Ma neb Ra, qui donne la vie.

» Aimez le roi Ma neb Ra, vivificateur, disent les prêtres qui battent
des mains. Un autre personnage précède les porteurs en agitant un sistre,
afin d'éloigner les principes dissolvants qui s'opposeraient à l'éclosion des
germes ; de même que les porteurs, il répète : Soit la venue vivificatrice
agréable à Ma neb Ra, vivificateur (c'est-à-dire plaise à Ma neb Ra
d'exercer l'action vivificatrice). »

Après les porteurs vient « la divine épouse », debout auprès du roi qui
tient le sceptre dont « il touche *cinq fois* », au-dessous du disque ailé,
« l'habitant de Hud ».

Légende. « Frappant cinq fois (de son sceptre) le dieu grand, dieu bon,
maître de la double terre, seigneur auteur des choses, le roi du Midi et
du Nord, Ma neb Ra, fils de Ra, Amen hotep hiq ouast, en possession
de l'enveloppe *Menkht*, fait vivification.

» Il donne toute vie, prospérité et force en qualité de soleil. »

Ce sceptre, que le roi tient de la main droite, ressemble aux tiges et aux
flambeaux qui symbolisent la préparation de la renaissance ; le symbole
de vie est dans sa main gauche. La présence de l'épouse divine indique
que l'action divine sera féconde. La procession du registre supérieur
semble en effet indiquer le renouvellement de la vie et le recommence-
ment.

Pl. LII, fig. 126 *(pl. XXXVI, fig. 103 du cliché)*. — En possession de l'enveloppe *Menkht,* le roi la présente à Amon assis et suivi d'Ament et de Maut. Amon lui fait respirer le ⚥ et le ⸙.

Légende. « Donnant le *Menkht,* [il fait le don de la vie], le dieu bon, Ra neb Ma, qui donne la vie comme Ra, chaque jour.

» Il fait le don de la vie, Amon Ra, le seigneur de Nestaoui, à la tête de tous les dieux ; Ament, maîtresse du ciel ; Maut, maîtresse du ciel, régente de la double terre, à la tête de tous les dieux… »

IIIe Registre.

Pl. LIII, fig. 127 *(pl. XXXV, fig. 102 du cliché; classé par erreur comme Ier registre)*. — L'ensemble du tableau symbolise de nouveau la renaissance du soleil après la nuit, ou des êtres après la mort. Le roi, assimilé au soleil, traverse l'espace ; il tient les deux vases qui contiennent le liquide fécondateur ou le sang du taureau Bitaou-Osiris, qui tomba des deux côtés nord et sud de la grande porte du roi, féconda le sol et fit renaître Bitaou après plusieurs transformations. Derrière le roi sont les signes de l'ombre sur les coins du ciel, surmontant le sceau exprimant le mystère des opérations par lesquelles la renaissance s'accomplit successivement aux quatre points cardinaux. L'Amon a pris la forme ithyphallique qui indique la résurrection, et derrière lui est la porte de la grande demeure avec le sceau du mystère, le lotus épanoui et les deux perséas.

Légende. « Le roi du Midi et du Nord, seigneur auteur des choses, Ma neb Ra, fils aimé de Ra, Amen hotep hiq ouast, qui donne la vie, la stabilité, la puissance, la force, comme Ra éternellement. Faisant le *Khenpt,* il donne toute vie, toute force, toute satisfaction de cœur.

» Amon Ra, seigneur de Nestaoui, maître de tous les dieux, pasteur de Thèbes, lui dit : Je te donne d'accomplir des milliers d'années. »

Derrière le roi est son double, ou sa personnalité royale cachée dans les profondeurs du *Duaut,* l'Horus Ra, principe des doubles de tous les êtres vivants, qui lui communique la vie, la stabilité et la puissance.

Pl. LIII, fig. 128 *(pl. XXXV, fig. 101 du cliché; classé par erreur comme Ier registre.* — Le roi, tenant la baguette et le sceptre blanc, est debout devant Amon Ra, faisant la consécration des *nouter hotepu.* L'inscription est trop mutilée pour préciser le sens théologique.

Légende. « Présentant les *nouter hotpou* à Amon Ra, il fait le don de vie... le maître des diadèmes, principe des doubles de tous les êtres vivants, l'Horus d'or, principe des doubles de tous les êtres vivants, le dieu bon, maître de la double terre, maître des levers, Ma neb Ra, fils de Ra, né de son flanc, Amen hotep hiq ouast.

» Amon Ra, dans Apet, lui dit : Je t'ai donné toute vie... toute force auprès de moi; je t'ai donné de faire des milliers d'années. »

Pl. LIII, fig. 129 *(pl. XXV, fig. 100 du cliché; classé par erreur comme Ier registre.* — Le roi debout, devant Amon ithyphallique, tient de la main gauche la baguette et le sceptre blanc, et de la droite le sceptre ⸫, dont il frappe quatre fois (aux quatre points cardinaux); la lumière, symbole de vie, en jaillit. Des quatre points cardinaux, quatre personnages portant la lumière ⸫ sur la tête, s'élèvent pour réaliser (Ma ⸫) son œuvre; ils représentent le soleil aux quatre directions de l'horizon, tournant autour du sanctuaire d'Amon.

Légende. « Frappant quatre fois, il fait lever le taureau qui se meut, il fait vivification; l'Horus Ra, taureau, qui se lève en vivificateur, le dieu bon, maître de la double terre, seigneur auteur des choses, Ma neb Ra, fils de Ra, né de son flanc et aimé de lui; Amen hotep hiq ouast, qui donne la vie, la stabilité, la puissance, la force.

» Il satisfait son cœur, avec son double, comme Ra. »

Amon Ra, le seigneur de Nestaoui dans Apetastou, le maître du ciel et de la terre, lui dit : « Je t'ai donné toute vie et toute puissance auprès de moi. »

Pl. LIV, fig. 130-131 *(pl. XXIV, fig. 98, 99 du cliché; classé par erreur comme Ier registre).* — Le roi est dans un naos, agenouillé aux pieds d'Amon Ra; de la main gauche, il tient le ⸫; Amon lui tend la vie de la main droite et de la gauche exécute sur son front des passes magiques. L'inscription porte : « C'est le maître de la double terre, seigneur auteur des choses, Ma neb Ra, fils aimé de Ra, Amen hotep hiq ouast. » « Amon Ra, seigneur de Nestaoui, dans son Apet, » lui dit : « [Je te donne] toute vie et toute puissance, toute vigueur avec moi. »

Devant le naos, apparaît Horus tenant d'une main la vie et étendant l'autre sur la nuque du roi, afin de lui conférer son pouvoir par une passe magique; l'inscription est détruite en partie. « J'ai affermi ton lever... »

Derrière Horus, un enfant, les cheveux tressés, est couvert de la peau de panthère, sous laquelle germe la semence; il se retourne vers l'horizon. Celui-ci est représenté par les deux côtés du ciel ▭. Au-dessous du premier ciel sont trois Horus; au-dessous du second, trois Set. Tous ont l'attitude des trois officiants agenouillés au tombeau de Rekhmara[1], au moment où la vie nouvelle se prépare, après les opérations magiques. Ils annoncent l'élévation du roi sur le trône de Seb et sa participation à la divinité de Toum.

Légende. « Disent les esprits de... et les esprits de... en présence de la *paout nuteru* des dieux qu'a faite grande son fils aimé, Amen hotep hiq ouast.

» Il lui a donné le trône de Seb et la dignité de Toum. C'est le maître des levers, Amen hotep hiq ouast, principe des doubles de tous les êtres vivants.

» ... En roi du Midi et du Nord, sur le trône de l'Horus sur l'or, vivant comme le soleil, éternellement. »

Porte du mur ouest.

Pl. XLVII, fig. 132 *(pl. XL, fig. 108 du cliché)*. — Montant de gauche: Le roi est debout, tenant à la main droite la baguette magique; « c'est l'Horus, taureau puissant qui se lève en vivificateur, le maître des diadèmes, qui maintient les principes, grand par la *Khopesch,* vainqueur des Sati de la montagne, le roi du Midi et du Nord, Ma neb Ra ». Nékheb plane sur sa tête. « Elle donne toute vie et toute puissance au fils de Ra, » Amen hotep hiq ouast, dieu bon, au cœur satisfait, maître des levers, qui prend la belle couronne blanche, maître de la double terre, seigneur auteur des choses, Amen hotep hiq ouast. »

Pl. XLVII, fig. 133. Montant de droite : Scène et inscription identiques.

Linteau de la porte.

Pl. LV, fig. 134-135 *(pl. XXXIX, fig. 106 du cliché)*. — Course du roi sur

---

1. Voir Ph. Virey, *Le Tombeau de Rekh-ma-ra,* dans les *Mémoires de la Mission.*

les chemins du Nord et du Sud : pareil au soleil, il quitte les deux coins mystérieux du ciel, laissant derrière lui le signe de l'ombre où s'accomplissent les devenirs ; de chaque main, il tient le vase contenant l'eau fécondatrice ; les textes donnent : « Le dieu bon, maître de la double terre, seigneur auteur des choses, le roi du Midi et du Nord, Ma neb Ra, qui donne la vie, [faisant le *Khenpt* il donne la vie]. »

Mur sud ; côté droit de la porte.

*I*er *Registre.*

Pl. LV, fig. 136 *(pl. XLIII, fig. 114 du cliché; classé par erreur comme III*e *registre).* — Le roi est en présence d'Amon qui, de la main droite lui infuse la vie et de la gauche procède aux passes magiques. Derrière le souverain, Maut et Ament apparaissent ; la première coiffée de la couronne rouge et tenant le ⌐ et le sceptre ⌐ des renouvellements ; la seconde, coiffée des deux couronnes et tenant également les deux sceptres. Amon, [le seigneur de Nestaoui], dans son Apt, dit au roi : « Vie et prospérité sur toi ; entre mon aimé, je t'ai donné de faire des millions de panégyries, [toutes les terres], toutes les régions étrangères sont sous tes sandales... » Maut, dame d'Acherel, dit : « Est deux fois belle pour toi la demeure royale ; car tu t'es ajouté la splendeur de ton père, qui te donne million sur million d'années de vie et de force comme Ra. »

*II*e *Registre.*

Pl. LVI, fig. 137 *(pl. XLII, fig. 113 du cliché).* — Le roi, « seigneur auteur des choses, Ma neb Ra, fils de Ra, Amen hotep hiq ouast, vivificateur, est en présence d'Amon Ra, seigneur du ciel, qui lui donne vie et puissance auprès de lui ». D'une main, le dieu exécute sur la nuque du roi une passe magique ; de l'autre, il lui infuse la vie en la lui faisant respirer. Derrière cette scène, Aménophis apparaît entre Menthou, seigneur des deux côtés d'Héliopolis, et Hathor, maîtresse des deux côtés d'Héliopolis aussi ; tous deux lui donnent la main ; Menthou tient le ⌐ et est coiffé du disque avec les deux plumes lumineuses ; c'est le dieu puissant qui apparaît ; Hathor porte le disque entre les cornes et tient à la main la vie ; c'est la demeure d'Horus, où celui-ci renaît chaque soir, la déesse de l'Occident. Ainsi placé entre l'apparition et la disparition solaire, le roi est comme le soleil au milieu de sa course au zénith entre les deux moitiés d'Héliopolis. Paroles de Menthou : « Viens, fils de Ra, entre, que tu voies ton père, seigneur auteur des choses, Ma neb Ra, qui donne vie, stabilité, puissance, force... »

Le discours d'Hathor a disparu.

III *Registre.*

Pl. LVI, fig. 138 *(pl. XLII, fig. 112 du cliché; classé par erreur comme I*er *registre).* — Le roi est en présence d'Amon, debout entre Ament, dame du ciel, régente des dieux, et Sékhet; puis, d'une main, le dieu lui fait respirer la vie; de l'autre, il tient le ⎧ *(oublié au dessin);* « c'est le dieu bon, seigneur auteur des choses, Ma neb Ra, fils de Ra, Amen hotep hiq ouast. »

Discours des divinités : « Je t'ai donné la puissance comme Ra; je t'ai donné la force, la stabilité; je t'ai donné... je t'ai donné la force, en maître de la double terre, Ma neb Ra, qui donne la vie, seigneur auteur des choses, Amen hotep hiq ouast; je t'ai donné la force et la stabilité, la puissance auprès d'Ament, dame du ciel, régente des dieux. »

Devant Amon : « Il donne la vie, la stabilité, la puissance, la force, Amon Ra, le seigneur de Nestaoui, prince d'Apetastou, pasteur de Ôn (?). »

Porte communiquant avec le sanctuaire.
Montant de gauche.

*I*er *Registre.*

Pl. LVII, fig. 139 *(pl. XLIV, fig. 116 du cliché; classé par erreur comme II*e *registre).* — Le roi fait brûler l'encens et répandant de l'eau fécondatrice devant Amon (voir plus haut).

Légende : « L'Horus, taureau puissant qui se lève en vivificateur, le roi du Midi et du Nord, maître de la double terre, Ma neb Ra, fils aimé de Ra, Amen hotep hiq ouast. Il donne toute santé comme Ra, il donne toute dilatation de cœur chaque jour, Amon Ra, le seigneur de Nestaoui. »

Devant Amon Ra : « Je t'ai donné la souveraineté, le *lever* comme Ra. »
Inscription du soubassement :

« Le Vivant, l'Horus, taureau qui se lève en vivificateur, le maître des

12

diadèmes, qui maintient les principes, l'Horus d'or, grand par la *Kho-*
pesch, vainqueur des Sati, le roi du Midi et du Nord, Ma neb Ra, fils aimé
de Ra, Amen hotep hiq ouast; il a fait ses constructions à son père, il a
fait la grande porte travaillée en électrum, splendeur du père Amon qui
a créé le fils du soleil, Amen hotep hiq ouast, qui donne la vie. »

IIe Registre.

Pl. LVII, fig. 140 *(pl. XLIV, fig. 115 du cliché; classé par erreur comme*
Ier registre). — Le roi présentant le bouquet de lotus à Amon (voir plus
haut).

    Légende. « Le roi du Midi et du Nord, maître de la double terre,
seigneur auteur des choses… Ma neb Ra, qui donne la vie… »

    Devant Amon : « Je t'ai donné toute vie et puissance auprès de moi,
la force… comme Ra, éternellement. »

Montant de droite.

Ier Registre.

Pl. LVII, fig. 141 *(pl. XLIV, fig. 118 du cliché; classé par erreur comme*
IIe registre). — Le roi est debout devant Amon, les deux mains pen-
dantes; Nékheb, la lumineuse, plane sur sa tête et fait l'influence derrière lui.

    C'est « l'Horus, taureau puissant qui se lève en vivificateur, le roi du
Midi et du Nord, maître de la double terre, Ma neb Ra, le fils de Ra,
Amen hotep hiq ouast. Il donne toute vie, toute satisfaction de cœur,
chaque jour Amon Ra dans son Apt. »

IIe Registre.

Pl. LVII, fig. 142 *(pl. XLIV, fig. 117 du cliché; classé par erreur comme*
Ier registre). — Le roi présente… (les ▽▽ peut-être) à Amon Ra. Le
tableau est très mutilé, et les inscriptions en partie effacées : Nékheb,
comme à la scène précédente, plane sur la tête du souverain; « [c'est
l'Horus taureau], qui se lève en vivificateur, le dieu bon, maître de la
double terre, Ma neb Ra, fils de Ra, Amen hotep hiq ouast… » Le reste
est détruit. (Ces signes sont à peine visibles; au dessin, ils ont été remplacés par des hachures.)

Sur tout le pourtour de la salle règne au-dessus des trois registres et tableaux donnés plus haut une série de petites scènes dessinées à moitié des grandes compositions. La plupart sont en fort mauvais état; en voici la liste :

Linteau de la porte; deux scènes adossées.

Pl. LVIII, fig. 143-144 *(pl. LVIII, fig. 141-142 du cliché)*. — Le roi traverse l'espace sur les chemins du Nord et du Sud, pareil au soleil dans sa course; il laisse derrière lui les coins d'ombre et les deux moitiés mystérieuses du ciel, où les symboles de chaleur et d'humidité marquent le mystère des recommencements. « C'est le dieu bon, maître de la double terre, maître des levers; il prend la belle *urert* (la couronne blanche), le roi du Midi et du Nord, Ma neb Ra, fils de Ra, Amen hotep hiq ouast, qui donne la vie comme Ra, éternellement. »

Amon Ra, le maître du ciel, lui dit : « Je t'ai donné toute dilatation de cœur, je t'ai donné toute force, je t'ai donné toute vie et toute puissance. Je t'ai donné toute vie, toute puissance, toute force, toute dilatation de cœur, et le lever en roi sur le siège d'Horus. »

Du côté opposé, le roi est qualifié de dieu bon, maître de la double terre, seigneur auteur des choses, roi du Midi et du Nord, qui régit la satisfaction de cœur, le maître des levers. « Il donne stabilité, puissance, force, l'accomplissement des années *hotep* auprès d'Amon Ra, le maître du ciel. »

Amon lui dit : « Je t'ai donné les années nombreuses par centaines de mille... »

Mur nord, côté gauche de la porte, mur est et mur sud, côté gauche de la porte :

Le commencement manque.

Pl. LIX, fig. 145 *(pl. LIX, fig. 143 du cliché)*. — Le roi présentant les bandelettes ⊔⊔⊔ à (?).

Légende effacée.

Pl. LIX, fig. 146 *(pl. LIX, fig. 144 du cliché)*. — Le roi présentant 🝎🝎 à (?).

Légende effacée.

Pl. LIX, fig. 147 *(pl. LIX, fig. 145 du cliché)*. — Le roi présentant ⬚⬚ à (?).
Légende effacée.

Pl. LIX, fig. 148 *(pl. LIX, fig. 146 du cliché)*. — Le roi présentant ⬚⬚ à (?).
Légende effacée.

Pl. LIX, fig. 149 *(pl. LIX, fig. 147 du cliché)*. — Le roi présentant ⬚⬚ à (?).
Légende effacée.

Pl. LIX, fig. 150 *(pl. LIX, fig. 148 du cliché)*. — Le roi présentant ⬚⬚ à (?).
Légende effacée.

Pl. LIX, fig. 151 *(pl. LIX, fig. 149 du cliché)*. — Le roi présentant ⬚⬚ à (?).
Légende effacée.

Pl. LIX, fig. 152 *(pl. LIX, fig. 150 du cliché)*. — Le roi présentant les lotus
⬚⬚ à (?).
Légende effacée.

Pl. LIX, fig. 153 *(pl. LIX, fig. 151 du cliché)*. — Le roi présentant les lotus
⬚⬚ à (?).
Légende. « Donnant les lotus... Amen hotep hiq ouast... »

Pl. LIX, fig. 154 *(pl. LIX, fig. 152 du cliché)*. — Le roi présentant ⬚⬚.
Légende. « Donnant les gâteaux, il fait vivification... Ma neb Ra, qui
donne la vie, la stabilité, la puissance, la force comme Ra... »

Pl. LX, fig. 155 *(pl. LX, fig. 153 du cliché)*. — Le roi présentant le lait à (?).
Légende. « Donnant le lait, il fait vivification... Amen hotep hiq
ouast, qui donne prospérité et force comme Ra...
» Sur le trône de Phtah, le dieu... »

Pl. LX, fig. 156 *(pl. LX, fig. 154 du cliché)*. — Le roi présentant le vin à (?).
Légende. « Donnant le vin, il fait vivification, le dieu bon, maître de
toutes choses, Ma neb Ra, qui donne la vie, la stabilité, la puissance
comme Ra éternellement. »
Devant le dieu : « Il donne toute vie et toute puissance auprès de lui,
[Menthou ?]

Pl. LX, fig. 157 *(pl. LX, fig. 155 du cliché)*. — Le roi présentant les bandelettes *menkht* à Nout.
Légende. « Donnant les bandelettes *menkht,* il fait vivification, le dieu
bon, maître de la double terre, le roi du Midi et du Nord, Ma neb Ra, qui
donne la vie, la stabilité, la puissance comme Ra. »
Devant la déesse : « Nout, maîtresse du ciel. »

Pl. LX, fig. 158 *(pl. LX, fig. 156 du cliché)*. — Le roi présentant les collyres à Nout.

Légende. « Donnant les collyres *uat'j* et *mest'em*, il fait vivification, le maître des levers, Amen hotep hiq ouast, qui donne vie, stabilité et puissance, la force, comme Ra, éternellement. »

Devant la déesse : « Nout, maîtresse du ciel. »

Pl. LX, fig. 159 *(pl. LX, fig. 157 du cliché)*. — Le roi présentant le parfum *anti* à Nout.

Légende. « Donnant le parfum *anti*, il fait vivification, le dieu bon, seigneur auteur des choses, Ma neb Ra, qui donne la vie, la stabilité, la puissance, la force comme Ra, éternellement. »

Devant la déesse : « Nout, dame du ciel. »

Pl. LX, fig. 160 *(pl. LX, fig. 158 du cliché)*. — Le roi présentant les parfums et l'eau fécondatrice devant S'hu.

Légende. « Faisant le feu et l'eau, il fait vivification, le fils aimé de Ra, qui donne la vie et la force comme Ra, éternellement. »

Devant le dieu : « S'hu, dans To Ser, il donne vie et puissance... »

Pl. LX, fig. 161 *(pl. LX, fig. 159 du cliché)*. — Le roi présentant les graines *at* à (?).

Légende effacée.

Mur nord, côté droit de la porte, mur ouest et mur sud, côté droit de la porte.

Pl. LX, fig. 162 *(pl. LX, fig. 160 du cliché)*. — Le roi présentant le feu et l'eau fécondatrice devant Amon Ra.

Légende. « Faisant le feu et l'eau, il fait vivification, le fils de Ra, Amen hotep hiq ouast, qui donne la vie comme Ra... »

Devant le dieu : « Amon Ra, maître du ciel. »

Pl. LX, fig. 163 *(pl. LX, fig. 161 du cliché)*. — Le roi présentant 𓎅 𓎅 à (?).

Légende effacée.

Pl. LXI, fig. 164 *(pl. LXI, fig. 162 du cliché)*. — Le roi présentant les lotus à Amon.

Légende. « Donnant les lotus, il fait vivification, le dieu bon, Ma neb Ra, maître des levers, il donne vie et puissance comme Ra. »

Devant le dieu : « Amon Ra, maître du ciel. »

Pl. LXI, fig. 165 *(pl. LXI, fig. 163 du cliché)*. — Le roi offrant le 𓏏𓏤 ... à Amon Ra dans Apet.

Légende. « Offrant le 𓏏𓏤 ..., il fait vivification, le dieu bon, Ma neb Ra, qui donne la vie. »

Devant Amon : « Amon Ra dans Apet. »

Pl. LXI, fig. 166 *(pl. LXI, fig. 164 du cliché)*. — Le roi présentant les grains d'*at* à (?).

.Légende. « Donnant les grains d'*ât*, il fait vivification, le maître de la double terre, Ma neb Ra, qui donne la vie. »

Pl. LXI, fig. 167 *(pl. LXI, fig. 165 du cliché)*. — Le roi présentant le vin à Ra.

Légende. « Donnant le vin à Ra, il fait vivification, le fils aimé de Ra, Amen hotep hiq ouast, maître de la double terre, qui donne la vie. »

Pl. LXI, fig. 168 *(pl. LXI, fig. 166 du cliché)*. — Le roi présentant le lait à Toum.

Légende. « Donnant le lait, il fait vivification et dilatation de cœur, le maître des levers, Ma neb Ra, qui donne la vie. »

Pl. LXI, fig. 169 *(pl. LXI, fig. 167 du cliché)*. — Le roi présentant les collyres *uat'j* et *mest'em* à (?).

Légende. « Donnant les collyres *uat'j* et *mest'em* à... il fait vivification, le fils aimé de Ra, Amen hotep hiq ouast, maître de la double terre, qui donne la vie. »

Pl. LXI, fig. 170 *(pl. LXI, fig. 168 du cliché)*. — Le roi présentant l'eau fécondatrice à Amon...

Légende. « Faisant l'eau à Amon Ra... il fait vivification, le dieu bon, Ma neb Ra, maître des levers. »

Pl. LXI, fig. 171 *(pl. LXI, fig. 169 du cliché)*. — Le roi présentant les *nouter hotepou* à Amon Ra.

Légende. « Il donne les *nouter hotepou* à Amon Ra dans l'Apet de Ôn, le dieu bon, Ma neb Ra, qui donne la vie et la force comme Ra. »

Pl. LXI, fig. 172 *(pl. LXI, fig. 170 du cliché)*. — Le roi présentant 𓏐𓏐 à Amon Ra.

Légende. « Il donne..., le dieu bon, maître de la double terre, fils de

Ra, Amen hotep hiq ouast, qui donne la vie, la stabilité, la puissance et la force comme Ra. »

Devant le dieu :

« Amon Ra dans son Apt lui donne toute vie, toute puissance, toute stabilité, toute dilatation de cœur comme Ra. »

Pl. LXI, fig. 173 *(pl. LXI, fig. 171 du cliché).* — Le roi présentant l'eau fécondatrice à Amon.

Légende effacée.

Pl. LXI, fig. 174 *(pl. LXI, fig. 174 du cliché).* — Le roi présentant (?) à (?).

Légende effacée.

(L'ordre des figures a été interverti dans la planche; en outre les figures 173, 174 (171 et 172 du cliché) ont été reproduites en sens inverse de celui qu'elles devraient occuper.)

LES SANCTUAIRES

La porte de la salle du *Lever* franchie, on accédait au sanctuaire entouré des chambres du mystère. Au temple d'Aménophis ce sanctuaire est triple, ainsi qu'il en est toujours dans les grandes basiliques ; au centre est le sanctuaire d'Amon, à gauche celui de Maut, à droite celui de Khonsou.

Cette subdivision du temple et cette disposition des sanctuaires est toute mythique. Chaque sanctuaire correspond à l'une des personnes de la triade. Amon, chef de la triade thébaine, occupe le centre du temple et le sanctuaire principal. C'est le dieu grand qui s'engendre lui-même, le dieu beau, mari de sa mère, dont les *devenirs* sont infinis. Maut, c'est le principe féminin qui concourt à ces résurrections éternelles, le récipient en qui s'opèrent les métamorphoses, la région de l'Occident dans laquelle le disque s'enfonce chaque soir. Khonsou, c'est le dieu jeune, vengeur de son père comme Horus, qui reparait au matin à l'Orient.

Aussi, au sanctuaire de Maut est retracée, à Louxor, la naissance d'Aménophis III et les cérémonies religieuses qui l'ont entourée. Toute la finesse des théologiens s'est appliquée à montrer le roi apparaissant sur terre comme fils du dieu. Maut-m-ua, mère d'Aménophis, est identifiée à Maut, et pour que l'illusion fût plus complète, c'est Amon que les prêtres nous montrent uni à la reine dans la scène de la conception, pareil à Zeus prenant les traits d'Amphitryon, pour s'unir à Alcmène, et ce, à tel point qu'on peut se demander si vraiment la Grèce n'a pas emprunté cette idée à l'Égypte, de même qu'elle lui a emprunté tant d'autres données philosophiques, mais en les défigurant comme à plaisir.

Dans tout ce sanctuaire, le rôle d'Aménophis est bien établi comme dieu fils, troisième personne de la triade. La précision du détail est telle qu'il est à regretter que le sanctuaire de Khonsou ait presque entièrement disparu. On y

eût sans doute trouvé des détails nouveaux qui manquent au sanctuaire
d'Amon où le dogme déborde, ne laissant place à rien à côté de lui.

I. — LE SANCTUAIRE DE MAUT

Assez bien conservé, quoique considérablement dégradé par les voyageurs
du commencement du siècle, le sanctuaire de Maut est à peu près complet
dans son ensemble, mais souvent c'est un travail de reconstitution que l'on est
obligé d'opérer pour toute une composition. Des noms ont été apposés au
milieu des tableaux, coupant les personnages et les inscriptions ; des ornements bâtards, dessinés dans le style pseudo-grec, si cher à l'école de la fin du
siècle dernier, jetés au milieu des peintures symboliques les plus rares,
des mentions de tout genre mises en surcharge dans des textes intéressants. L'ensablement a préservé le reste et sauvé des scènes d'une importance considérable. Ce sont les spécimens uniques de représentations
dont le symbolisme complexe rend souvent l'explication difficile, mais qui,
grâce aux interprétations que nous donnent les textes, se laissent souvent
deviner.

Architrave de la salle.

Côté est ; inscription sur une ligne :

« Le Vivant, l'Horus, taureau puissant qui se lève en vivificateur, le seigneur
des diadèmes, qui maintient les principes, qui affermit les deux terres, le dieu
bon, image de Ra, le prince vaillant qui se lève en roi du Midi et du
Nord, Ma neb Ra, l'élu de Ra, fils du soleil, né de son flanc, Amen hotep
hiq ouast, l'aimé d'Amon Ra, le roi des dieux, qui donne la vie comme le
soleil. »

Côté ouest ; inscription sur une ligne [1] :

« Le Vivant, le dieu bon, fils d'Amon, enfant [du maître des levers], chef du circuit du disque solaire, éternel en qualité de roi, éternel (?) sur le siège d'Horus ; le roi du Midi et du Nord, Ma neb Ra, l'élu de Ra, fils aimé de Ra, Amen hotep hiq ouast... aimé, qui donne la vie comme Ra. »

Mur ouest, trois registres.

Ier Registre.

Pl. LXII et LXIII, fig. 175, 176, 177, 178 et 179 *(pl. LXII et LXI, fig. 207, 206, 205, 204, 203 et 202 du cliché ; classé par erreur comme IIIe registre).* — C'est l'une des scènes les plus curieuses que nous ait léguées l'antiquité égyptienne : elle éclaire d'un jour singulier le rôle de *Thot-Hermès-Mercure* et permet un rapprochement piquant avec le *Mercure-Sosie* de l'Amphitryon de Molière. Le vieux maître français n'a fait d'ailleurs que copier l'Amphitryon de Plaute ; et derrière le comique latin, on devine une œuvre grecque qui ne nous est point parvenue, mais dont la tradition se retrouve dans les fables relatives à Hercule.

La scène commence à l'extrémité droite du tableau et se divise en cinq parties : trop de lacunes coupent les textes pour qu'il soit possible de présenter pour tous une traduction intégrale. Voici l'analyse des scènes avec la traduction des passages qui ne sont pas trop dégradés :

Ire PARTIE. — Amon, Isis, Maut m ua et le roi (?).

IIe PARTIE. — Thot et Amon. (Correspondant à Amon et Khnoum de la IVe partie.)

IIIe PARTIE. — Union d'Amon avec la reine.

IVe PARTIE. — Amon et Khnoum. (Correspondant à Thot et Amon de la IIe partie.)

Ve PARTIE. — Khnoum, l'enfant royal, son *double* et Hathor.

1. De droite à gauche.

PREMIÈRE PARTIE

Pl. LXII, fig. 175 *(pl. LXXII, fig. 207, 206 du cliché)*. — Amon, Isis, Maut m ua'et le roi (?). — Les textes sont trop mutilés pour permettre une traduction suivie. « La grande épouse royale, Maut m ua, vivificatrice, selon Ra, » est embrassée par la déesse Isis qui lui passe la main droite sur la nuque pour lui infuser son essence avec le don de vie. La reine est coiffée des plumes d'Amon posées sur le signe de la stabilité qu'elle va maintenir en formant une existence nouvelle. Amon, debout derrière la déesse, et le roi (figure mutilée), debout derrière la reine, assistent à cette scène qui prépare Maut m ua à recevoir un dieu et à concevoir de lui. En même temps qu'elle est la reine, elle est comme la déesse qui lui a communiqué son essence. Amon, qui va se substituer au roi, fera « l'acte ⟶ sur celle qu'aime l'émanation divine. »

Isis est appelée « l'habitante du ciel et du grand Arit (c'est-à-dire de la demeure où se préparent les renaissances). »

Enfin le roi se tient derrière Maut m ua, appelée « l'épouse de ce souverain ».

DEUXIÈME PARTIE

Pl. LXIII, fig. 176 *(pl. LXXI, fig. 205 du cliché)*. — Thot et Amon. — Le dessein de donner à Maut m ua un fils par l'entremise d'Amon étant arrêté, « Amon Ra, seigneur de Nestaoui, seigneur du ciel, se dirige vers la demeure de la reine, accompagné de Thot, dieu du principe conservateur ». (La naissance de l'enfant royal va entretenir la conservation de la vie dans la Création). Thot est porteur du signe du lever et la main dirigée vers les plumes d'Amon semble le communiquer au dieu.

Cette scène tendrait à prouver que Thot a fourni aux Grecs le type de leur Hermès, ancêtre de Mercure latin. Tout à l'heure, Amon, type du Zeus des Grecs, jouera auprès de Maut m ua le même rôle que joue Jupiter auprès d'Alcmène, épouse d'Amphitryon, dans la fable grecque et latine. Détail singulier: Zeus, se rendant chez Alcmène, se fait précisément escorter par Hermès. C'est ce rôle de Mercure, très bien développé par Plaute, qu'a si habilement imité Molière, ainsi que je le rappelais plus haut, et qu'il a fait revivre avec sa verve intarissable dans les scènes de Sosie, double de Mercure, et de Jupiter, double d'Amphitryon.

TROISIÈME PARTIE

Pl. LXIII, fig. 177 *(pl. LXXI, fig. 204 du cliché)*. — Union « d'Amon Ra, seigneur de Thèbes », avec la reine « Maut m ua ». — Celle-ci est coiffée des plumes lumineuses d'Amon sur le signe de la stabilité qu'elle va maintenir par la conception d'une existence nouvelle. Selkht, porteuse de la vie, la glisse dans les pieds d'Amon ; Neït, génératrice du soleil, remplit sous les pieds de la reine un office analogue.

Les textes présentent quelques difficultés[1].

Texte de droite :

« Dit Amon Ra, seigneur de Nestaoui, résidant dans son *Apt* : Il a exercé son action créatrice en qualité de la majesté de cet engendreur, roi du Midi et du Nord, Men kheperou Ra (Thotmès IV), vivificateur. Esprit en qualité de juge, elle en qualité de splendeur : il fait 𓊪𓏤 (monter ?) des agents de renouvellement. Elle fait aux agents de renouvellement l'acte *sebtet* devant sa majesté. Lui vient en qualité d'auprès d'elle pour son engendrement au moyen d'elle. Lui fait qu'elle le voie en son image de dieu, quand il est venu sur elle, en elle... en voyant ses beautés et son amabilité. Cherchant ? et pénétrant elle, il fait 𓊪𓏤 (monter ?) abondamment l'essence divine et tous les parfums qui viennent de Pount, donnant toute vie, stabilité et prospérité, toute force, par lui. »

Texte de gauche :

« Dit Maut m ua, en face de la majesté de ce dieu auguste, Amon Ra, seigneur de Nestaoui : Double divinité grande qui pousses ! (Il s'agit sans doute de la double plume qui monte sur la tête du dieu et qui a peut-être un sens de réalisation et de reproduction.) Ton esprit... tes desseins... Repose-toi sur [unis-toi à] la servante de la rosée [émanation] du seigneur puissant ; tous ses membres en qualité de faisant à la majesté de ce dieu tout ce qui lui est agréable avec elle. »

---

1. Une étude consacrée à ces scènes a été publiée par M. Bouriant dans le *Recueil d'Archéologie.*

« Dit Amon en face de sa servante : Amen hotep hiq ouast est le nom de [l'enfant que tu porteras ?] dans ton sein. Grandira cet [enfant] selon ce qui est sorti de ta bouche. Il fera cette royauté parfaite sur la terre. Il élèvera, il portera la couronne de roi qui gouverne la terre, en qualité de soleil éternel. »

QUATRIÈME PARTIE

Pl. LXIII, fig. 178 *(pl. LXXI, fig. 203 du cliché)*. — Amon et Khnoum. — Amon ayant déposé en Maut m ua le principe vital d'où sortira l'existence nouvelle du jeune Aménophis, va trouver Khnoum, le modeleur qui a pétri les dieux et les hommes, et l'invite à donner la *forme* à cette existence encore à naître.

Légende. « Amon Ra, seigneur de Nestaoui, a [placé ?] lui (Aménophis) avec son *double* dans ces membres de l'habitante... il a créé... mère de ce fils qu'il a engendré. Il lui donne toute vie et prospérité, toute force, tout bonheur, toute paix, toute satisfaction, en qualité de soleil éternel. »

« Amon, résidant dans son *Apt,* dit (à Khnoum qui va former l'enfant) : Je te donne toute vie et prospérité pour mon fils que j'aime. »

Khnoum à tête de bélier a reçu dans ses mains la vie ⚲ et la prospérité ¦ qu'Amon lui a offertes. Il va les faire entrer dans l'enfant qu'il modèlera.

« Le roi du Midi et du Nord, Ma neb Ra, v. s. f., et son *double* qui sont en possession du don de la vie, de la stabilité, de la prospérité pour lui, Amen hotep hiq ouast, en qualité de soleil. »

CINQUIÈME PARTIE

Pl. LXIII, fig. 179 *(pl. LXXI, fig. 202 du cliché)*. — L'enfant et son *double* reçoivent les dons de Khnoum et d'Hathor. Khnoum modèle la forme de l'enfant et lui transmet la vie par des passes magiques. Hathor modèle le *double* et prédit sa destinée en qualité de déesse de l'Occident, de l'Amenti, où ce *double*, sitôt créé, s'envolera. « Tu seras roi de la vallée d'Égypte, — dit-elle, — et souverain du désert. Tous les pays seront sous le lieu de ta face. Les neuf arcs seront abattus sous tes sandales. A toi le trône de Seb [et la durée ?] de Ra et de Khépra, tes membres se meuvent tandis que tu te lèves... »

Le reste est trop mutilé pour être traduit.

IIe Registre.

Pl. LXIV, fig. 180 *(pl. LXIX, fig. 197 du cliché).* — « La grande princesse qui domine sur les contrées du Midi et du Nord ; [celle qui est] la royale mère Maut m ua, selon le soleil éternel, » porte sur la tête l'emblème de la stabilité, surmonté des palmes lumineuses de vivification ; stabilité et vivification, que dans son rôle maternel elle assure en réparant par l'enfantement les pertes subies par les existences. En face d'elle, le dieu Thot, dieu conservateur, qui s'oppose à l'anéantissement, puis les paroles de Thot et d'Amon Ra.

Légende. « Dit à... Amon Ra, seigneur de Nestaoui, prince de l'Égypte. Donne à la princesse les beautés... Toum. La régente de toutes les régions. »

Le disque ailé, l'habitant de Hud, éclaire la scène.

Thot tend de la main gauche la vie à la reine, et de la droite la lui impose sur la face par une passe magique.

Pl. LXIV, fig. 181 *(pl. LXIX, fig. 198 du cliché).* — La reine Maut m ua, « la princesse grande, la douce, la suave, la chérie, la régente des deux terres, la royale mère, Maut m ua, vivificatrice selon le soleil, la régente de toutes les terres », se tient entre Khnum et Hathor ; Khnum, forme d'Amon, taureau de sa mère, lui infuse la vie qu'elle va produire ; Hathor, de son côté, porte sur sa tête le signe de la conservation, que la mère royale assurera par le renouvellement de la personne royale.

Légende. « Dit [Khnoum...] Je t'ai donné la vie, la stabilité, la puissance... c'est la protection par l'influence du souffle favorable... éternellement, éternellement. Dit [Hathor...] dame de Ôn. Je te donne la force, la satisfaction de cœur, éternellement. »

Pl. LXV, fig. 182 *(pl. LXX, fig. 199 du cliché).* — Tableau de la naissance (qui est en même temps une renaissance).

Sous le lit d'accouchement de la reine sont agenouillés trois Set et trois Horus (*Ier sous-registre*), faisant l'acte *khu* d'où résulte l'influence heureuse (𓋹𓏏 𓋹). De l'autre côté est Bès[1], dans son caractère de génie de la rénovation, et Thouéris, la Lucine égyptienne, qui préside à la naissance du soleil.

Entre ces deux groupes de figures sont deux inscriptions affrontées ; l'une illisible du côté de Bès. Voici l'autre : « ... La royale douceur, la délicieuse, la chérie, la reine, la régente de... la royale mère, Maut m ua, vivificatrice éternellement. Elle a possédé le feu de l'enfantement (c'est-à-dire elle a conçu). Sort le retour du feu 𓂋𓄿 (à comparer avec l'expression 𓂝𓏤𓄿, faire retourner le feu au moment où la renaissance se prépare, ou tombeau de Rekh ma ra) [2]. »

Tout le second registre symbolise ce mouvement de la flamme vitale qui monte et descend, rejoint le soleil pour revenir ensuite sur terre, déterminant un va-et-vient indiscontinu selon la doctrine pythagoricienne.

Au-dessus de la reine, « la princesse grande... la reine du Midi et du Nord, la royale mère, la grande... Maut m ua, vivificatrice éternellement », qui enfante, sont deux personnages agenouillés les bras élevés formant le 𓎬 du mot 𓂋𓄿, portant sur la tête le feu qui monte et redescend, image de la vie qui va et revient. Derrière eux, des personnages agenouillés, — le dernier de chaque série avec la tête de Khnoum, — tiennent chacun deux vies 𓋹, une dans chaque main, et levant un bras vers le ciel, abaissant l'autre vers la terre, font alternativement monter et descendre la vie, eux aussi.

Sur le lit, ou plutôt sur un trône placé sur le lit, la reine enfante, entourée de neuf déesses, deux la soutiennent, deux autres agenouillées reçoivent l'enfant qui vient de naître, tandis que le *double* de celui-ci est représenté par les bras qui se lèvent vers le ciel pour y monter comme la flamme.

Pl. LXV, fig. 183 *(pl. LXX, fig. 200 du cliché)*. — L'enfant royal et son *double* sont présentés à Amon par Hathor. Celle-ci est coiffée du disque entre les cornes et fait l'influence magique derrière l'enfant et son *double*, elle « l'élève et l'aime sur... » Amon Ra, le seigneur de Nestaoui, dit :

1. Cette représentation de Bès est, à ma connaissance, la plus ancienne qui existe.
2. Ph. VIREY, *Le Tombeau de Rekh-ma-ra (Mémoires de la Mission française du Caire)*.

« Viens, viens en bienvenu, fils de Ra, né de son flanc, Ma neb Ra. »

Pl. LXV, fig. 184 *(pl. LXX, fig. 201 du cliché)*. — Amon assis tient l'enfant
dans ses bras : « En bienvenue, le fils de son flanc, Ma neb Ra... Je t'ai
donné de faire des années nombreuses comme Ra, » dit le dieu.

Hathor et Maut accueillent le roi nouveau-né : « Hathor, dame de
Ôn, » est coiffée du disque entre les deux cornes et fait des deux mains la
passe magique sur la nuque de l'enfant. « Maut, la grande dans le ciel, »
coiffée du pschent, tient la branche de palmier, symbole de renouvellement, terminée par le sceau du mystère et à laquelle sont suspendus les
symboles des fêtes. A son bras est le cartouche portant « tous les renouvellements, la vie, la durée, la prospérité éternelle » ; sur le sceptre des
renouvellements se pose le cartouche de « son fils aimé, Amen hotep hiq
ouast ».

J'ai traduit dans ces deux scènes le mot 🦅⚊ par « en bienvenue »
pour me conformer à l'usage, et surtout afin d'éviter l'emploi de péri-
phrases trop longues, alors que la description des scènes m'interdit
d'entrer dans une discussion de détail. Un sens de vivification est attaché
à ce mot et se rapporte à l'acte de renaissance accompli par l'apparition
d'Aménophis sur terre ; acte de renaissance qu'il accomplira dans la
suite chaque jour, donnant la vie à toutes choses et qu'après lui son
double accomplira encore pour lui. Je reviendrai plus tard à cette interprétation.

IIIᵉ Registre.

Pl. LXVI, fig. 185 *(pl. LXVII, fig. 192 du cliché; classé par erreur comme
Iᵉʳ registre*. — Sous le lit de la reine une rangée de boucles 𓏤 s'hen.
Sur le lit « la royale mère » Maut m ua, vivificatrice, est accroupie,
coiffée du vautour de Maut et du signe de l'affermissement. Derrière elle,
une femme la soutient et fait sur sa nuque une passe magique, elle est
coiffée du vase 𓏏 qui contient le liquide fécondateur ou le sang du taureau
Bitaou-Osiris. Devant la reine, deux *Hathor-sat*, coiffées du disque et
des palmes de lumière, allaitent l'enfant royal, l'Horus, Ma neb Ra et
son *double*, dont le cartouche est surmonté du disque et des palmes de
lumière.

Enfin, sous le lit d'accouchement de la reine, l'enfant royal et son

double sont encore allaités par la vache céleste. « Dit quatre fois...
comme roi du Midi et du Nord, vivifiant, dilatant le cœur, sur le siège
d'Horus ; tu guides les vivants, tu gouvernes la double terre en qualité
de Mâ khérou, comme le soleil dans l'éternité et les âges dans la demeure
[hieroglyphs]. Elle donne toute vie, toute force, toute puissance comme Ra,
éternellement. »

Il s'agit certainement de la demeure d'Hathor. Hathor étant la déesse
de l'horizon du couchant et de l'horizon du levant veille sur le roi nais-
sant au levant et sur son *double* qui reste dans l'Amenti au couchant.
C'est encore une allusion au double mouvement de la flamme vitale et
solaire qui apparait au levant, disparait à l'horizon, s'élève et descend
alternativement.

Dans la colonne placée au centre de ce petit tableau : « Elle donne toute
vie, toute stabilité et toute puissance auprès d'elle. »

Pl. LXVI, fig. 186 *(pl. XLVII, fig. 193 du cliché ; classé par erreur comme
Ier registre)*. — Neuf divinités agenouillées tiennent dans leurs bras
l'enfant royal ; elles sont coiffées du [hieroglyph], attribut de Neït, et du signe
[hieroglyph]. La tête retournée à droite, elles regardent l'horizon. L'absence de
toute inscription rend l'interprétation de cette scène difficile.

Pl. LXVII, fig. 187 *(pl. LXVIII, fig. 194 du cliché ; classé par erreur comme
Ier registre)*. — Les deux enfants, le vivant et le double, sont avec Horus
et Set, la vallée et le désert, le jour et la nuit. Ils sont tenus maintenant
par les puissances mystérieuses qui font circuler la vie. « Je suis, disent
les puissances, je suis la puissance qui met toute vie, durée, prospérité
avec lui, toute force, toute satisfaction avec lui. Viens, Ma neb Ra.
Aspersion au lieu de la naissance d'Horus-Set, en disant : Le fils se
manifeste. » Et « le Nil » dit aussi : « Je te donne toute vie et prospérité
avec (lui) ; » Horus, à son tour, présente les enfants à Amon, qui dit :
« Fils aimé de Ra, né de son flanc, Ma neb Ra, ne faisant qu'une seule
chair avec... Je te donne toute vie et puissance, et le lever en roi du
Midi et du Nord sur le siège d'Horus ; toute satisfaction avec ton *double*
en qualité de soleil. »

La disque ailé plane au-dessus de la scène ; « l'habitant de Hud qui
donne toute vie, durée et puissance, toute vigueur, tout contentement,

14

toute vaillance avec lui ». Au-dessus de l'enfant royal, est le protocole :
« Le roi du Midi et du Nord, Ma neb Ra, fils de Ra, Amen hotep hiq
ouast, vivificateur, éternellement. » Au-dessus de son *double*, la bannière : « L'Horus, taureau puissant qui se lève en réalisateur. »

Amon impose sa main sur le front de l'enfant réel pour lui communiquer l'influence magique ; l'Api fait la même passe sur sa nuque de la
main gauche, pendant que de la droite il tient un faisceau de vie.

Enfin, une inscription est placée devant les puissances magiques sous
les pieds des enfants, — l'enfant réel et le double, la tête surmontée de la
bannière...

Pl. LXVII, fig. 188 *(pl. LXVIII, fig. 195 du cliché; classé par erreur comme
Ier registre)*. — Khnoum et Anubis tiennent l'un et l'autre la vie et la
puissance. « Khnoum est le maître des influences dominant la demeure
de vie. » C'est lui qui apporte les dons au roi vivant. Anubis veille sur
le *double*. « Anubis, dieu grand, seigneur du ciel sur le siège de l'Horus
des vivants ; son cœur est satisfait avec son *double*, qui gouverne le
circuit de ton disque. Il fait couler son abondance... comme l'a décrété
Ra lui-même. »

Pl. LXIV, fig. 189 *(pl. LXIX, fig. 196 du cliché; classé par erreur comme
Ier registre)*. — Un dieu, dont le nom est effacé, tient la branche de palmier, symbole des renouvellements. Devant lui est une femme (Sefekh,
dame de ce qui est écrit), couverte de la peau de panthère, symbole de la
maternité ; voile sous lequel se préparent les renaissances ; puis deux
registres où des personnages agenouillés reçoivent à deux reprises l'enfant royal suivi de son *double*, qu'il renouvelle et qui le renouvellera. Le
double est son support dans l'éternité, qui lui infuse à chaque vie nouvelle
la personnalité royale. Au registre inférieur les deux enfants, réel et
double, sont présentés par deux femmes. L'enfant réel porte la tresse et
est appelé « le dieu beau, Ma neb Ra, fils de Ra, Amen hotep hiq ouast ».
L'autre, le *double*, porte sur la tête la bannière de la personnalité divine.
Au registre supérieur, deux enfants sont encore présentés par deux
femmes. « Je suis, dit le *double* qui vient le second, je suis venu (à mon
maître) ; je suis comme lui communiquant par influence, la filiation
légitime de Ra, Amen hotep hiq ouast. Je lui donne les âges réunis,
je lui donne l'éternité ; toutes les régions étrangères... »

Mur nord ; trois registres.

Ier Registre.

Pl. LXVIII, fig. 190 *(pl. LXXIV, fig. 214 du cliché ; classé par erreur comme IIIe registre).* — Le roi égorge une victime, une gazelle, symbole du mal ; la scène est mutilée, et c'est à peine si l'on peut lire : « ... Ma neb Ra, fils de Ra, Amen hotep hiq ouast... grand par la *Khopesch ;* il dilate son cœur, il gouverne [la double terre] ... sur le siège d'Horus, » et le mot , sacrifier une gazelle.

Pl. LXIX, fig. 191 *(pl. LXXV, fig. 215 du cliché ; classé par erreur comme IIIe registre).* — Le roi debout, coiffé des deux plumes sur les deux cornes. Les deux rubans conducteurs qui pendent derrière sa coiffure font arriver « l'influence vitale à sa nuque, en qualité de soleil » ; devant lui, trois registres de tableaux. Au registre inférieur, trois personnages tirent une barque portant un socle sur lequel se trouve un disque. Au second registre, trois autres personnages tirent une seconde barque, portant un autel sur lequel se trouve un taureau de sacrifice avec le disque entre les deux cornes. Au troisième registre, trois autres personnages encore halent une troisième barque ; on ne voit plus ce qui s'y trouvait.

Le roi, armé du , en touche quatre fois les barques au passage ; la légende porte : « Toucher quatre fois le long des(??) qui défilent, fait vivification. »

Tout le reste est mutilé ; ce qui rend le sens incertain.

Pl. LXIX, fig. 192 *(pl. LXXV, fig. 216 du cliché ; classé par erreur comme IIIe registre).* — Le roi tient un bâton, noué en spirale, et un faisceau de quatre vies, à donner aux quatre points cardinaux ; vies qu'il transmet par un fil conducteur à quatre jeunes taureaux, un *noir*, un *blanc,* un *jaune* et un *rouge.*

« C'est l'Horus d'or, grand par la *Khopesch* ... le roi du Midi et du Nord, Ma neb Ra, fils de Ra, Amen hotep hiq ouast... »

Il est coiffé des palmes de lumière sur les cornes avec le disque. En face de lui se tient « Maut, dame du ciel, régente de la double terre », qui lui dit : « Je te donne toute vie et toute puissance ; je te donne toute force ; je te donne toute suprématie sur tous les pays étrangers. »

Maut est coiffée du pschent et tient aux deux mains le sceptre.

IIe Registre.

Pl. LXX, fig. *193 (pl. LXXIII, fig. 210 du cliché).* — Le roi s'avance, coiffé de la couronne munie des cornes et de la double plume de lumière, avec les rubans par où Nékheb, planant au-dessus de sa tête, fait « communication de vie derrière lui, complètement, en qualité de soleil ». Il tient à la main droite le sceptre blanc ; de la main gauche, le spectre de la prospérité, passé dans l'anneau de la croix ansée. Maut, debout devant lui, est coiffée du pschent ; de la main droite, elle lui présente l'anneau mystique de sa coiffure, la main ouverte comme pour l'application de la vie sur la face par une passe magique. De la main gauche, elle tient une autre boucle à laquelle sont suspendus les symboles des anniversaires.

« Je t'accorde, — est-il dit au roi, — l'élévation de la couronne blanche et de la couronne rouge, que détient la dame du ciel... donnant la vie comme le soleil... Je te donne les ornements de la dame des deux terres... Dieu bon, qui aime son père. »

Derrière le roi sont les deux ombres du ciel, le sceau du mystère portant le double, muni du symbole de la durée et tenant le bassin qui contient l'élément humide, agent de rénovation ; puis encore le sceau du mystère, portant le scorpion, emblème de la chaleur, qui joint son action à celle de l'humidité, pour féconder la nature.

La marche du roi est identifiée ici encore à la course du soleil.

Pl. LXVIII, fig. 194 *(pl. LXXIV, fig. 211 du cliché).* — Au registre inférieur, deux personnages, qui sont sans doute encore le jeune roi et son *double* (l'inscription est effacée). Au registre supérieur, le roi, tenant le sceptre et portant la coiffure munie de cornes, est assis dans une barque sur le point d'arriver à la rive, c'est-à-dire d'arriver au monde. « Abordage, — dit le texte, — vers la divine demeure d'Hathor, [demeure] de vie et de prospérité. Admirable l'influence divine qui embrasse le dieu beau, Ma neb Ra, donnant vie, durée et prospérité en qualité de soleil éternel. »

Une autre barque contenait Maut m ua, qui le fait arriver au monde. Le texte donne : « Traversée de Maut m ua, — jeu de mot habituel des scribes égyptiens, traversée de la mère en barque, — enfantant le dieu beau, maître de la double terre, Ma neb Ra, fils aimé de Ra, Amen hotep hiq ouast, se levant en seigneur, dont la puissance donne la vie. »

Puis le roi debout, tenant le ⸮ et coiffé du pschent. Nékheb qui donne vie et prospérité, est derrière sa tête. « C'est le roi Ma neb Ra se levant sur le siège du père Amon. Tous les pays étrangers sont sous ses sandales en sa qualité de soleil. »

Pl. LXVIII, fig. 195 *(pl. LXXIV, fig. 212 du cliché)*. — Le roi est debout, en face de Maut, il porte la couronne avec les deux palmes de lumière, les cornes et le disque ; de la main droite, il présente à Maut une figure de cynocéphale accroupie devant le signe ⸮ sur le signe des fêtes ⸮ ; de la gauche, il exécute au-dessus la passe magique, qui fait vivification. Si le sens est clair, le détail est assez obscur et complexe. Le singe est un emblème de Thot, un signe de vivification. Maut tient le ⸮ et le ⸮. « Donnant le ⸮ sur terre, — dit le texte, — il fait vivification, le dieu bon maître de la double terre, Ma neb Ra, le fils aimé de Ra, Amen hotep hiq ouast. Amon l'a choisi pour l'éternité, sa double force courbe les chefs des neuf arcs. »

Discours de Maut, dame du ciel : « Je t'ai donné les années de l'éternité..., je t'ai donné toute vie. »

Pl. LXVIII, fig. 196 *(pl. LXXIV, fig. 213 du cliché)*. — Le roi est en présence d'Hathor ; il est coiffé de la double palme de lumière ; de la main gauche il tient un disque qu'il touche de la main droite avec une baguette. Le sens est encore plus obscur qu'à la scène précédente, l'inscription porte : « Donnant à elle le ⸮, il fait vivification comme Ra, le roi du Midi et du Nord, Ma neb Ra, fils de Ra, Amen hotep hiq ouast... »

Et devant Hathor : « Aimée d'Amon Ra, seigneur de Nestaoui, elle donne toute vie, toute stabilité, toute puissance auprès d'elle. »

IIIᵉ Registre.

Pl. LXII, fig. 197 *(pl. LXXII, fig. 208 du cliché; classé par erreur comme Iᵉʳ registre)*. — Le roi est debout, coiffé de la couronne rouge ; il tient aux deux mains la baguette magique. Nékheb, la lumineuse, plane sur sa tête : « C'est le dieu bon, maître de la double terre, seigneur auteur des choses, maître des levers, le roi du Midi et du Nord, Ma neb Ra, fils de Ra, Amen hotep hiq ouast, qui donne la vie éternellement. »

Devant lui, deux registres ; à chacun d'eux, trois personnages halent un traîneau sur lequel est un autel où repose un bœuf de sacrifice, les pieds liés : c'est l'Osiris Bitaou, mort qui s'en va vers la région mystérieuse où la libation *Khemp* lui redonnera la vie pour reparaître à l'Orient, dieu beau, seigneur auteur des choses, qui donne toute puissance.

Ces apparitions de barques halées par des génies se rattachent toutes trois à un même ordre d'idées. On peut voir, en effet, dans le taureau et le roi l'élément masculin, de même que l'élément féminin dans la reine et dans le disque. (Dans nombre de peintures on peut remarquer que le disque contient l'enfant, ce qui laisse à supposer que les Égyptiens en faisaient un symbole du sein de la femme, où se forme la vie nouvelle de l'enfant qui va naître.) Quant aux animaux, les pieds liés pour le sacrifice, ils représentent encore ces mêmes principes, masculins et féminins, mis en présence sous une forme différente [1].

Pl. LXX, fig. 198 *(pl. LXXIII, fig. 209 du cliché; classé par erreur comme Ier registre)*. — Le roi est assis sur un trône élevé sur le *Ma* ⊂⊐ devant une table chargée d'offrandes; les rubans de sa coiffure lui communiquent l'influence divine que lui transmet le disque ailé, l'habitant de Hud : « C'est le dieu bon, maître de la double terre, seigneur auteur des choses, le roi du Midi et du Nord, Ma neb Ra, fils de Ra, Amen hotep hiq ouast, dont Ra agrandit la puissance et qui donne la vie comme Ra. Il rassemble les choses pour l'offrande, » ou plutôt : « Il unit les grains (essences) pour l'offrande. »

Selon toute apparence, un grain représente la nature masculine, l'autre la nature féminine et, en les unissant, le roi assure la fécondation [2].

Puis, l'union des deux natures étant faite, le roi, agenouillé, présente à Maut, dame du ciel, l'offrande des semences dans deux vases de même que les prêtresses du tombeau de Rekh-ma-ra [3]. L'inscription est mal aisée à traduire, en raison des lacunes. Je proposerai, à titre d'essai,

---

1. Voir Ph. VIREY, *Le Tombeau de Rekh-ma-ra*, dans les *Mémoires de la Mission* et l'*Épisode d'Aristée*.
2-3. Voir Ph. VIREY, *Le Tombeau de Rekh-ma-ra*, dans les *Mémoires de la Mission*.

l'explication suivante : « Dirigeant sur la directrice d'Acherel les vases (?),
il fait l'offrande à la *paout* de la régente des deux terres. »

Au-dessus du « dieu bon, maître de la double terre, Ma neb Ra, fils
aimé de Ra, Amen hotep hiq ouast, auquel Ra confère la souveraineté et
la vivification en qualité de soleil », plane « Nékheb, la lumineuse, qui
donne toute vie et toute puissance auprès d'elle ».

Au-dessus des tables chargées d'offrandes, une liste gravée en colonnes
contient l'énumération de tout ce qui y est amassé.

Mur est, un seul registre.

Pl. LXXI, fig. 199, 200, 201 *(pl. LXII, fig. 173, 174 et 175 du cliché).*
— Dans un naos, le roi est coiffé de la couronne rouge; il tient à la
main le ▭▭ qui annonce le lever, de la main droite, le fouet appuyé
sur son épaule. « C'est le roi du Midi et du Nord, Ma neb Ra, fils de
Ra, Amen hotep hiq ouast, vivificateur, élu de Ra. » Grâce au fouet
magique qu'il tient de la main gauche « l'influence de stabilité, vie et
prospérité se communique à lui tout entière en qualité de soleil ; il est le
prince de toutes les personnalités vivantes en qualité de soleil ». Toutes
forces étant rassemblées en lui, « il se lève hors de sa demeure en qualité
d'unique (c'est-à-dire qui contient toutes les forces vitales) ». Il sort
(fig. 200), Nékheb plane derrière sa tête ; ainsi « l'influence vivificatrice
est derrière lui tout entière en qualité de soleil ». Au lieu du fouet, sa
main gauche tient la lance, instrument de réalisation ; sa main droite
porte encore le ▭▭ ; il est coiffé du pschent, il laisse derrière lui les deux
ombres et les deux moitiés mystérieuses du ciel fermées à la lumière des
vivants, où le *Ka* affermi supporte le bassin ; le sceau du mystère, le
foyer de chaleur. Le ciel du Sud et le ciel du Nord sont debout et tendent
les bras pour lui faire accueil. Devant lui, un personnage tient le sceptre
blanc et l'oiseau de l'âme. Sur l'horizon, Anubis « ouvre les chemins du
Nord... donnant toute vie, existence et prospérité. C'est le commencement de conduire les fêtes. Il fait... grand sur le siège d'Horus en
qualité de soleil éternel ».

« Uat'jit ▨▨▨ ⟊⟊ ⟊⟊ qui donne toute vie, toute puissance, toute renaissance... » précède dans cette course « le dieu bon, maître des deux

terres, seigneur auteur des choses... le roi du Midi et du Nord, Ma neb Ra, fils de Ra, Amen hotep hiq ouast, le fils d'Amon, qui a agrandi sa puissance où il a voulu, en roi, seigneur de... qui donne vivification, stabilité et puissance comme Ra, éternellement ».

Pl. LXXI, fig. 202 *(pl. LXII, fig. 176 du cliché)*. — Deux personnages sont sur la voûte céleste, un autre au-dessous. « Royal don vivificateur à Horus ; encens et parfum à celui qui donne toute vie et prospérité en qualité de soleil.

» Il donne toute vie, durée et prospérité, toute dilatation de cœur est avec lui en qualité de soleil. »

Le ciel est ainsi traversé par le roi assimilé au soleil. Puis l'autre, Anubis au-dessus de l'autre horizon, ouvrant les autres chemins où s'engage « celui qui donne toute vie, durée et prospérité, toute vigueur, toute dilatation de cœur auprès de lui... ».

Pl. LXXI, fig. 203 côté gauche *(pl. LXII, fig. 177 côté gauche du cliché)*. — Le roi assimilé au soleil, ayant ainsi achevé son parcours, entre dans le séjour du repos, où, comme Osiris, il est assis sur un trône et tient le fouet magique. Le *double* d'Horus, « maître des deux terres », s'avance vers lui. Il tient à la main droite le symbole de la lumière qui prépare la réalisation du *mâ ;* de la main gauche, il tend vers l'Osiris la branche de palmier, symbole de renouvellement. A ses deux bras sont suspendus les symboles des quatre fêtes qu'il porte au passage aux quatre points cardinaux, le signe du renouvellement l'accompagne, pris dans le repli de son bras droit. De même, le signe de lumière est placé derrière l'Osiris, « taureau puissant qui se lève en vivificateur, le roi du Midi et du Nord, Ma neb Ra, fils de Ra, Amen hotep hiq ouast, vivificateur ».

C'est ainsi que, le jour éteint, le renouvellement se prépare pour le lendemain.

Cette course exécutée par les chemins du Nord, il faut encore que le roi l'exécute sur les chemins du Sud.

Pl. LXXII, fig. 204, 205, 206, 207 et 203 côté droit, pl. LXXI *(pl. LXIII, fig. 181, 180, 179, 178 et 177 côté droit, pl. LXII, du cliché)*. — Dans un naos, le roi est coiffé de la couronne blanche ; il tient à la main le ▭ et de l'autre la rame qui annonce le voyage accompli. « C'est le roi du Midi et du Nord, Ma neb Ra, fils de Ra, Amen hotep hiq ouast, vivificateur comme Ra. » Il sort et ... est derrière sa tête, lui communiquant l'influence magique. De même qu'à la scène précédente, le ciel du Nord et le ciel du Sud sont debout et tendent les bras pour le recevoir, deux personnages sont sur la voûte céleste, un autre au-dessous : « Royal don vivificateur à Horus, encens et parfum à celui qui donne toute vie, toute puissance en qualité de soleil.

» Il donne toute vie, toute durée et prospérité, toute dilatation de cœur est avec lui en qualité de soleil. »

Le roi identifié du soleil, ayant ainsi achevé son parcours sur les routes du Sud, entre dans le séjour du repos, où, comme Osiris, il est assis sur un trône et tient le fouet magique à la main. Le *double* d'Horus, « maitre des deux terres », s'avance vers lui ; il tient à la main droite le symbole de la lumière qui précède la réalisation *mâ ;* de la main gauche, il tend vers l'Osiris la branche de palmier, symbole de renouvellement. A ses bras sont suspendus les symboles des quatre fêtes qu'il porte au passage aux quatre points cardinaux, le signe des renouvellements l'accompagne et, de même, le signe de lumière est placé derrière l'Osiris, « taureau puissant qui se lève en vivificateur, le roi du Midi et du Nord, Ma neb Ra, fils de Ra, Amen hotep hiq ouast, vivificateur ».

C'est ainsi que, le jour éteint, le renouvellement se prépare pour le lendemain.

Au-dessous de ce grand tableau trois portes ouvraient, donnant accès aux chambres du mystère de Maut. Toute cette aile du temple a disparu ; les trois portes seules sont en place ; voici, reconstituées, les inscriptions de leurs jambages et de leurs linteaux.

Jambage : une colonne; le bas est dégradé et les derniers signes manquent complètement :

« Le fils du soleil, né de son flanc et aimé de lui, grand par la *Khopesch*, Ma neb Ra, héritier de Ra... »

15

Linteaux des portes.

Première porte ; inscription sur quatre lignes :

Ligne 1 : 𓉔𓄿𓆓𓅆𓊪𓏏𓎡𓈖 [hiéroglyphes]

Ligne 2 : [hiéroglyphes]

Ligne 3 : [hiéroglyphes]

Ligne 4 : [hiéroglyphes]

« Le Vivant, l'Horus, taureau puissant qui se lève en vivificateur, le dieu bon, aimé d'Amon.

» Le Vivant, le roi du Midi et du Nord, Ma neb Ra, l'héritier de Ra, vivificateur.

» Le Vivant, le fils aimé de Ra, Amen hotep hiq ouast, semblable à Ra.

» Le Vivant qu'aime Amon Ra, seigneur de Nestaoui éternellement. »

Deuxième porte ; inscription sur quatre lignes :

Ligne 1 : [hiéroglyphes]

Ligne 2 : [hiéroglyphes]

Ligne 3 : [hiéroglyphes]

Ligne 4 : [hiéroglyphes]

Inscription identique à la précédente, à cette variante près à la deuxième ligne :

« Le Vivant, le roi du Midi et du Nord, seigneur auteur des choses. »

Troisième porte ; inscription sur quatre lignes :

Ligne 1 : [hiéroglyphes]

Ligne 2 : [hieroglyphs]

Ligne 3 : [hieroglyphs]

Ligne 4 : [hieroglyphs]

Inscription identique aux précédentes, avec cette variante à la **troisième** ligne :

« Le Vivant, le fils du soleil, né de son flanc. »

Chacune de ces inscriptions est affrontée sur l'axe de la porte ; les **deux** côtés sont identiques.

Mur sud, trois registres.

Ier Registre.

Pl. LXXIII, fig. 208 *(pl. LXVI, fig. 191 du cliché; classé par erreur comme IIIe registre).* — Maut et Sékhet, tenant par la main le roi ; devant eux, une autre figure du roi placé entre Sékhet et Toum qui le tiennent également par la main. Les inscriptions ont toutes disparu, à l'exception de quelques signes, et tout ce tableau n'est qu'une restitution quelque peu hasardée ; néanmoins, le sens ressort assez clair de l'ensemble et symbolise une apparition du roi, en tant que semblable au soleil dans sa course, maintenant l'équilibre de toutes choses et répandant la vie dans l'univers.

Pl. LXXIII, fig. 209 *(pl. LXVI, fig. 190 du cliché; classé par erreur comme IIIe registre.* — Maut est assise sur un trône, coiffée du pschent et tenant la tige [hieroglyph] de résurrection. Amon, assis sur un autre trône, tient debout, contre lui, l'enfant royal, dont les pieds s'appuient sur le siège, et la main sur l'épaule droite du dieu. De la main gauche, Amon tient le fouet magique et les sceptres [hieroglyph] et [hieroglyph]. On lit : « Je te donne multitude [d'années] et tout don de vie avec celle-ci (Maut), vivificatrice, comme Ra. »

Le principe féminin joue en effet un rôle aussi essentiel que celui de Ra, dans la préparation des existences nouvelles.

Maut, [régente de] tous les dieux, dit à son tour : « Je te donne la dignité de Toum... comme Ra. »

Le reste de l'inscription est trop mutilé pour être traduit.

IIe Registre.

Pl. LXXIV, fig. 210 *(pl. LXV, fig. 187 du cliché).* — Le roi présentant l'eau vivificatrice à Amon ithyphallique.

Légende. « Donnant l'eau mystérieuse, il fait le don de vie, le roi du Midi et du Nord, Ma neb Ra, fils de Ra, maître de la *Khopesch;* il s'empare de toutes les terres, éternellement; il donne toute vie, toute stabilité, toute puissance. »

Devant l'Amon ithyphallique : « Amon Ra, le maître du ciel; il donne la vie et la dilatation de cœur. »

Derrière le roi se tient le double ou la personnalité royale qui vivifie la double terre, l'Horus, taureau puissant, qui se lève en réalisateur.

Pl. LXXIV et LXXIII, fig. 211 et 212 *(pl. LXV et LXVI, fig. 188 et 189 du cliché).* — A l'horizon du ciel, le roi est à genoux devant « Toum », le soleil couchant, « seigneur de Ôn, qui donne toute vie, stabilité et puissance auprès de lui », Toum est coiffé de la couronne blanche, et des deux mains fait une passe magique sur la tête du Pharaon. Derrière celui-ci se tient Sékhet, déesse de lumière, étendant, elle aussi, la main droite sur la tête du souverain, et tenant de la main gauche le sceptre des renouvellements.

Sékhet avec Toum, maître des deux côtés d'Héliopolis, c'est le soleil au milieu de sa course. Derrière la scène, Thot est debout ; on lit : « Tu affermis ton lever; Horus avec lui le conduit... en présence des dieux ; leurs mères font ce qu'ils aiment; alors ils lui donnent toute vie, toute puissance, toute stabilité, toute vigueur auprès d'eux, comme Ra. »

A l'extrémité de ce tableau, Menthou est avec Toum, seigneur des deux côtés d'Héliopolis, et Shou; le père Amon, avec Seb et Nout; Osiris avec Isis et... Tous sont assis sur des trônes, tenant le ↑ en face de Thot retourné vers eux. Ils forment, dit le texte, une *paout nouterou.* « Premier don de Toum; je lui donne toute vie et toute puissance auprès d'eux; toute vigueur auprès d'eux, toute dilatation de cœur auprès d'eux, comme Ra. Menthou dit : Je te donne toutes les terres, toutes les régions étrangères abattues sous tes sandales. Amon dit : Je te donne la royauté des terres et la puissance victorieuse. Osiris dit : Je te donne le lever en roi

du Midi et du Nord sur le siège d'Horus. » On lit au-dessus de Thot qui,
sans doute, enregistre les décrets de la *paout nouterou* : « Dit par le seigneur des deux terres... le partage grand de son fils qu'il aime, Ma neb
Ra, vivificateur, qui se lève en roi du Midi et du Nord sur le siège
d'Horus, ce qui fait direction... Toum, seigneur des deux côtés d'Héliopolis, prince de... prince des vivants. »

IIIe Registre.

Pl. LXXV, fig. 213 *(pl. LXIV, fig. 186 du cliché; classé par erreur comme
Ier registre).* — Ma neb Ra, enfant, est debout entre Toum et Menthou,
qui verse sur sa tête des flots de vie.

Légende. « Dit par Mentou : Purification, purification à ta puissance.
Au roi du Midi et du Nord, toute satisfaction de cœur, vie et puissance,
comme Ra, éternellement. »

Dit par Toum, l'habitant de Houd et de Ôn : « Purification, purification à ta puissance; au roi du Midi et du Nord, toute satisfaction de cœur,
vie et puissance, comme Ra, éternellement. »

Pl. LXXV et LXXII, fig. 214, 215, 216 *(pl. LXIV et LXIII, fig. 185, 184 et
183 du cliché; classé par erreur comme Ier registre).* — Élévation du roi
par les Horus et les Set.

La voûte céleste, une divinité coiffée des attributs de Neït, génératrice
du soleil et tenant les trois fleurs de lotus 𓏞; une autre au-dessous. On
lit : « Puissante la parole venant de Séfekh, dame de ce qui est écrit,
directrice de la double demeure divine, assurant nom et mémoire pendant
des multitudes en fait d'anniversaires. »

Parole venue du maitre des prophètes : « Assuré ton nom grand pénétrant dans..... toutes [les nations] sont sous ta crainte, le circuit du ciel
sous la place de ta face, les neuf arcs sous tes sandales. »

Puis, vient le roi porté triomphalement par deux Horus et deux
Set. Son trône repose sur le support *heb* 𓎛 fixé entre les deux bras
d'un brancard; il tient le sceptre 𓋿 et le fouet 𓏲 magique. Tous deux
proches de sa tête font sur sa nuque et sa face l'influence. On lit au-
dessous du 𓎛 : « Toutes les terres en défaillance, tous les pays étrangers
en faiblesse, Roten supérieur et Roten inférieur, tous les *rekhi*, tous les
[vivants] à genoux [pour] ce [dieu] beau qu'aiment tous les dieux. »

Au-dessus des deux Horus : « Disent les ⸢⸣ ? Aimés d'Amon-Ra...
toute vie, stabilité et puissance. Image se levant avec la couronne du Sud
et la couronne du Nord, disent les esprits... puissants sur le siège de
l'Horus des vivants en qualité de soleil éternel. » Au-dessus des deux Set :
« Je t'ai donné la double terre pour demeure, tu vois le père, seigneur des
dieux, qui t'établit sur le siège de l'Horus des vivants en qualité de soleil. »

Au-dessus du roi : « Le dieu beau, maître des deux terres, Ma neb Ra fils
de Ra qui l'aime, Amen hotep hiq ouast, résidant au *ha* ⸢⸣. L'Horus
choisi pour la durée en qualité du soleil éternel. »

Cette élévation du roi par les Horus et les Set au moment de sa naissance peut être comparée à l'élévation de Rekhmara, au moment où il va
revenir à la vie, par les enfants d'Horus[1], Amset, Hapi, Tiamautef et
Kebhsennouef sur la barque *hennou*. Le jeune roi s'avance tenant l'oiseau de l'âme devant Amon Ra, maître du ciel, qui lui pose la main sur
la nuque, pour lui communiquer l'influence vitale. Légende : « L'Horus
soleil, taureau puissant qui se lève en vivificateur, en son nom grand...
le roi du Midi et du Nord Ma neb Ra fils de Ra Amon hotep hiq ouast,
qui donne toute vie, stabilité et puissance auprès d'Amon Ra, maître du
ciel. »

Puis (fig. 214) des deux côtés de la voûte céleste, deux femmes portant
sur une main, l'une la couronne rouge, l'autre la couronne blanche, dont
elles sont les personnifications. De l'autre main, elles répandent la vie, la
durée et la prospérité mystérieuses. On lit devant elles : « Dit par ses
puissances, par-devant et par-derrière... »

Devant et au-dessus de la figure : « Je te donne la couronne du Nord,
celle qui est sur la tête de Ra... la couronne blanche, prends possession
de... Elle donne toute force, elle donne toute vie et prospérité. »

Devant, et au-dessus de la figure du Sud : « Tu es grand avec la couronne blanche, qui brille riche sur sa tête ; tu prends possession des terres
avec la couronne *urert*... donnent toute vie, toute stabilité et prospérité. »

Ces textes, sur les deux couronnes, sont à comparer aux textes suivants
du tombeau de Rekhmara : « Nout, — la voûte céleste, — t'a élevé la tête ;
Horus a pris pour elle son diadème et ses vertus magiques ; alors Suti a

---

1. Ph. Virey, *Le Tombeau de Rekh-ma-ra*, dans les *Mémoires de la Mission*.

pris pour elle son diadème et ses vertus magiques... tu t'es élevé en roi du Midi et du Nord[1]. »

Derrière les déesses qui portent les couronnes du Midi et du Nord, on voit les deux côtés du ciel ▭, et en même temps l'horizon. Au milieu sont trois Horus aux deux côtés des Suti; ces trois séries (Suti, Horus, Suti) de figures sont dans l'attitude des trois officiants agenouillés au tombeau de Rekhmara, au moment où la vie nouvelle se prépare par les opérations magiques. Ces personnages annoncent et donnent toute vie, durée et prospérité[2].

Les Suti sont appelés « les esprits du Nord »; ils donnent toute vie, toute stabilité, toute puissance; toute dilatation de cœur est avec eux.

Les Horus, qui se tiennent entre les deux côtés du ciel, sont appelés « les esprits qui planent »; ils donnent toute vie, toute stabilité, toute puissance; toute dilatation de cœur est avec eux.

Pilastres des portes ouvrant sur les chambres du mystère, attenantes au sanctuaire de Maut.

Un seul subsiste encore; les deux autres ont été remplacés par une maçonnerie.

Pl. LXXII, fig. 217 *(pl. LXIII, fig. 182 du cliché).* — Amon Ra, maître du ciel, pose une main sur l'épaule d'un roi, et de l'autre fait l'influence magique derrière sa tête, en lui disant : « Je t'ai donné la vie et la puissance, je t'ai donné la satisfaction de cœur auprès... »

Le roi tient en main la baguette et le sceptre blanc; il est pourvu de la vie; c'est « l'Horus, taureau puissant qui se lève en vivificateur, en son nom grand... le roi du Midi et du Nord, seigneur auteur des choses, Ma neb Ra, fils de Ra, Amen hotep hiq ouast, qui donne la vie comme Ra, éternellement ».

1-2. Ph. Virey, *Le Tombeau de Rekh-ma-ra*, dans les *Mémoires de la Mission*.

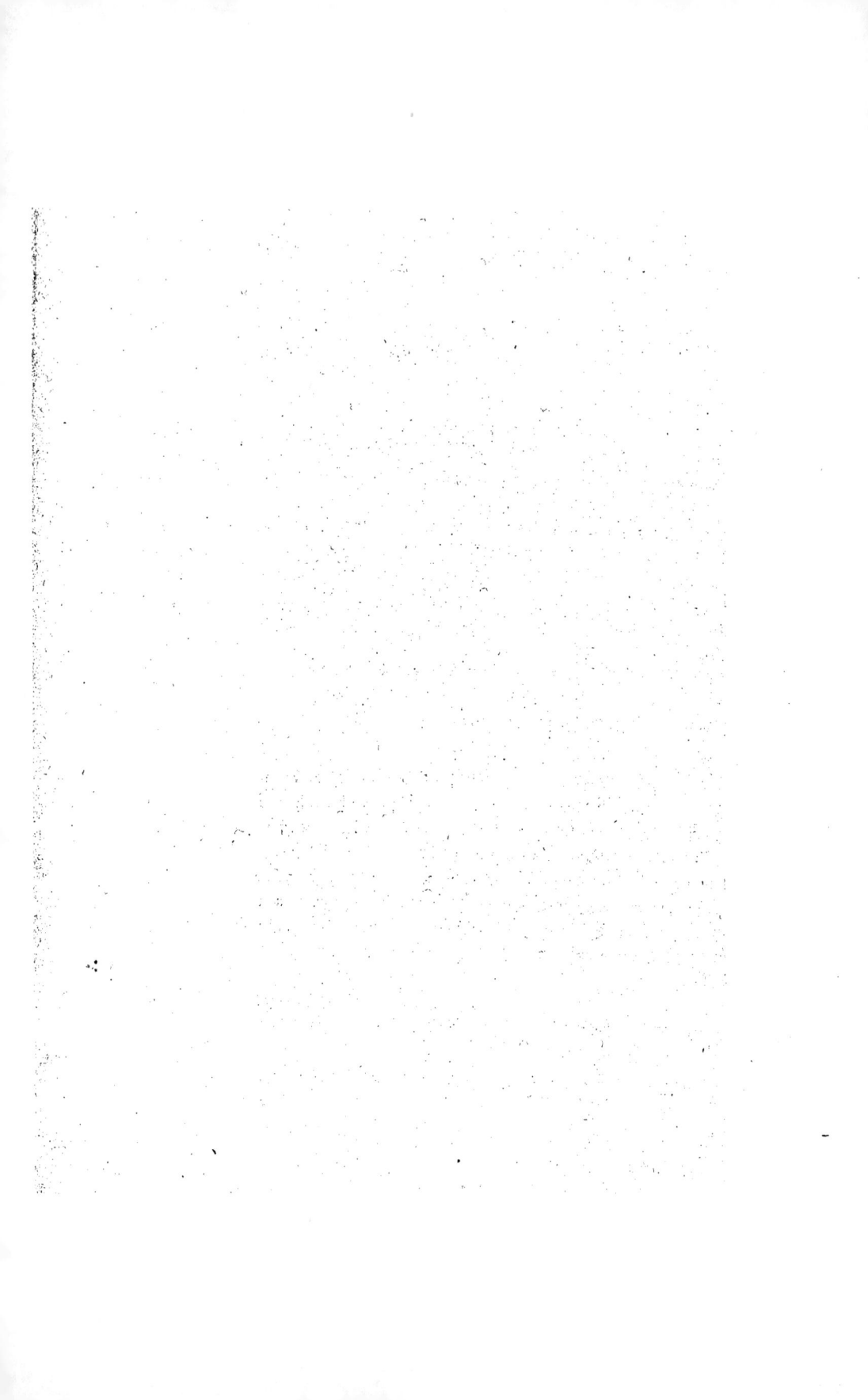

De l'ensemble de cette première partie du temple se dégage tout d'abord un point essentiel. Le culte divin se confondait avec le culte des morts; le mythe d'Amon générateur avec le mythe de l'Osirien effectuant son voyage d'outre-tombe; remontant vers le Nord en suivant la rive occidentale de la vallée funèbre, pour revenir naître au Sud, en suivant la rive orientale. De même que le mort qui a franchi la porte de la tombe, le roi qui a passé le seuil du temple cesse d'appartenir à la vie réelle pour se confondre avec le soleil, et partant, assimile ses actions aux phases de la course diurne. A gauche du temple, il porte la couronne rouge; il s'avance vers le fond du sanctuaire comme le soleil vers l'horizon du couchant. Lorsqu'il revient vers la porte d'entrée, il est semblable à l'Horus qui se lève; au mort ressuscité à une vie nouvelle; celle du double, qui jouit de la vie dont l'être humain a jadis vécu. Sur sa route, la résurrection se prépare, puis se manifeste, de même encore que dans la tombe; à cette différence près, qu'étant « le seigneur auteur des choses », c'est la vie universelle, qui tout entière, germe et éclôt par son intervention. Nombre de tableaux donnent le détail des opérations magiques accomplies par lui, mais au fond la doctrine reste immuablement semblable à elle-même; là, résumée; ici, exposée jusque dans ses moindres détails.

Cette dualité de ce drame de vie et de mort, de mort et de renaissance, l'architecture comparée du temple et de la tombe donne à elle seule l'indice qu'il se déroule également dans le sanctuaire et dans le caveau. Ce n'est pas ici que j'aborderai cette étude critique; je la réserve, ne faisant à cet instant que noter les principales tendances qui me semblent se dégager de cette première partie du ciel du temple; l'hypostyle, le *Hotep,* l'*Ousekht-kha* ou salle du *Lever* et le sanctuaire de Maut, la demeure d'Occident où le dieu renaît.

ERRATA

Quelques erreurs se sont glissées dans l'ordre des numéros des planches. La faute en est que l'épreuve de nombre de clichés m'a manqué au moment de la rédaction du manuscrit. La 80me page imprimée, je n'avais pas encore reçu les onze premières, et seize autres scènes disséminées dans le reste du fascicule n'étaient même pas gravées ; en sorte, que pour intercaler celles qui avaient fourni deux planches alors que je comptais sur une seule, il m'a fallu employer des numéros *bis*. D'autre part, en raison du tirage par feuille d'impression, d'autres corrections m'ont échappé comme celle-ci, — pl. XI alors qu'il faut lire pl. X ; — mais le plus gros défaut est que l'assemblage des scènes a été fait sans que je sois consulté. Là, où il aurait fallu réunir toutes les scènes d'un même registre pour composer un ensemble, une scène a été négligée et reportée à une autre planche. J'ai réparé du mieux qu'il m'a été possible ces fautes, dont je ne suis en rien responsable, au moyen d'une double notation d'indications. Les seules auxquelles il convient de s'en rapporter sont celles que j'ai fait imprimer en marge des planches. Dans les textes, les numéros des planches et des scènes sont imprimés en caractères ordinaires, en tête de chaque description ; l'indication en *italique* est celle gravée dans le cliché ; presque toujours elle est fautive ; je ne l'ai donnée que comme terme de comparaison.

Page 43. Au lieu de : Pl. VIII, fig. 46 *(pl. VIII, fig. 44 du cliché).*
        Lire : Pl. VII, fig. 46 *(pl. VII, fig. 44 du cliché).*
Page 48. Au lieu de :[1] Pl. XV, fig. 55 et 56 *(pl. IX, fig. 47 et 48 du cliché).*
        Lire : Pl. VIII et XV, fig. 55 et 56 *(pl. VIII et IX, fig. 47 et 48 du cliché).*
Page 50. Au lieu de : Pl. XVI, fig. 59, 60 *(pl. X, fig. 51 et 52 du cliché).*
        Lire : Pl. XVI et XI fig. 59, 60 *(pl. X et XI, fig. 51 et 52 du cliché).*

1. Il y a répétition du titre pages 48-49.

Page 52. Au lieu de : Pl. XI, fig. 61.
        Lire : Pl. X, fig. 61.
Page 51. Au lieu de : Pl. XVI, fig. 62 et 63.
        Lire : Pl. XVI *bis*, fig. 62 et 63.
Page 55. Au lieu de : Pl. XVII, fig. 66 *(pl. XVII, fig. 66 du cliché)*.
        Lire : Pl. XVII, fig. 66 *(pl. XVIII, fig. 66 du cliché)*.
Page 62. Au lieu de : Pl. XXII, fig. 83.
        Lire : Pl. XXIII, fig. 83.
Page 66. Au lieu de $\Big\{$ Pl. XXVIII, fig. 88 *(pl. XXIX, fig. 88 du cliché)*.
                              Pl. XXIX, fig. 88 *bis (pl. XXIX bis, fig. 88 bis du cliché)*.
        Lire : Pl. XXVII-XXIX, fig. 88, 88 *bis (pl. XXIX, fig. 88 du cliché)*.
Page 67. Au lieu de : Pl. XXXII, fig. 83 *(pl. XXXII, fig. 93 du cliché)*.
        Lire : Pl. XXXII, fig. 93 *(pl. XXXII, fig. 94 du cliché)*.
Page 68. Au lieu de : Pl. XXXIII, fig. 94 *(pl. XXXIII, fig. 94 du cliché)*.
        Lire : Pl. XXXIII, fig. 94 *(pl. XXXIII, fig. 96 du cliché)*.
Page 87. Au lieu de : Pl. XLVII, fig. 133.
        Lire : Pl. XLVII, fig. 133 *(pl. XL, fig. 107 du cliché)*.
        Page 87 : Pl. LV, fig. 134, 135 *(pl. XXXIX, fig. 106 du cliché)*.
Cette scène a été omise et un autre dessin gravé avec la mention *(fig. 106 du cliché)*.
La planche XLVIII manque sans que pour cela une scène soit omise.

CHALON-SUR-SAÔNE, IMP. FRANÇAISE ET ORIENTALE DE L. MARCEAU.

Pl. I

PORTIQUE DE LA 2ᵉᵐᵉ COUR
MUR NORD

Fig.1   Côté gauche de la porte   Côté droit de la porte.   Fig.3

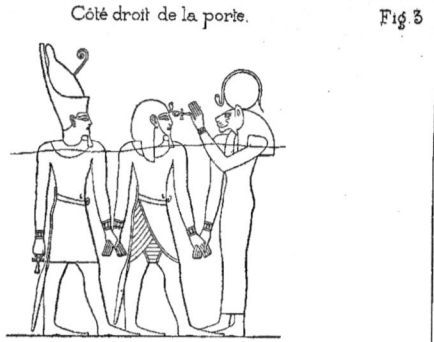

Fig.2   Côté droit de la porte.   Côté droit de la porte.   Fig.4

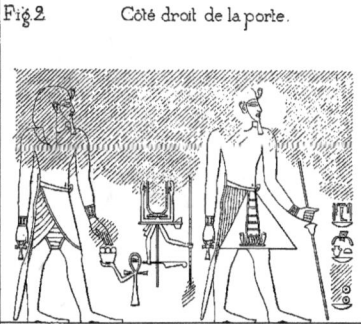

Fig. 1, 2, 3, 4.

SALLE HYPOSTYLE

Fig. 5   Entablement de la porte. [Mur Est]   Fig.

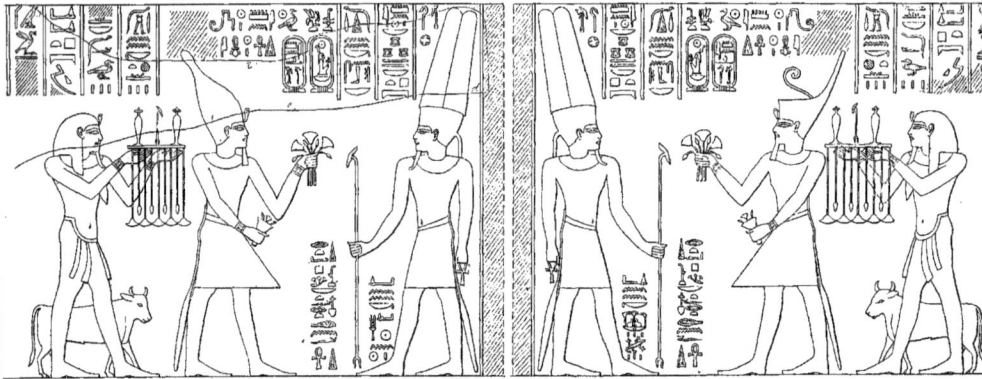

Sous-registre.

Fig 10.   Fig 9.   Fig 8.   Fig 7.

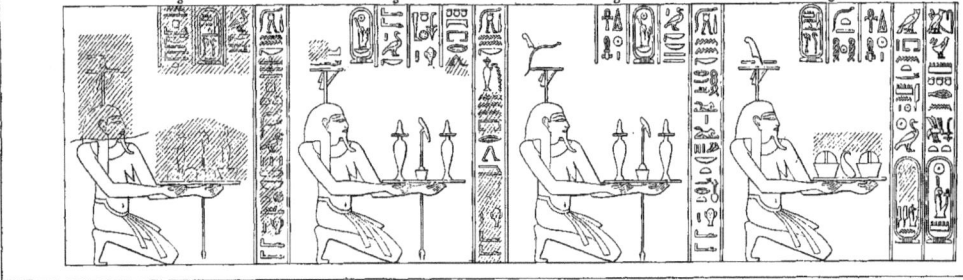

Fig. 5, 5 *bis* (6) ; — fig. 6. 7. 8. 9. (Voir l'errata, page 36.)

Pl. III

SALLE HYPOSTYLE.

Fig.14.   Fig.13.   Sous-registre.   Fig.12.   Fig.11.

Fig.18.   Fig.17.   Sous-registre.   Fig.16.   Fig.15.

Fig. 10, 11, 12 (13 ne correspond pas au texte), 14 (15 manque), 17, 16, 19.

Pl. IV

SALLE HYPOSTYLE.

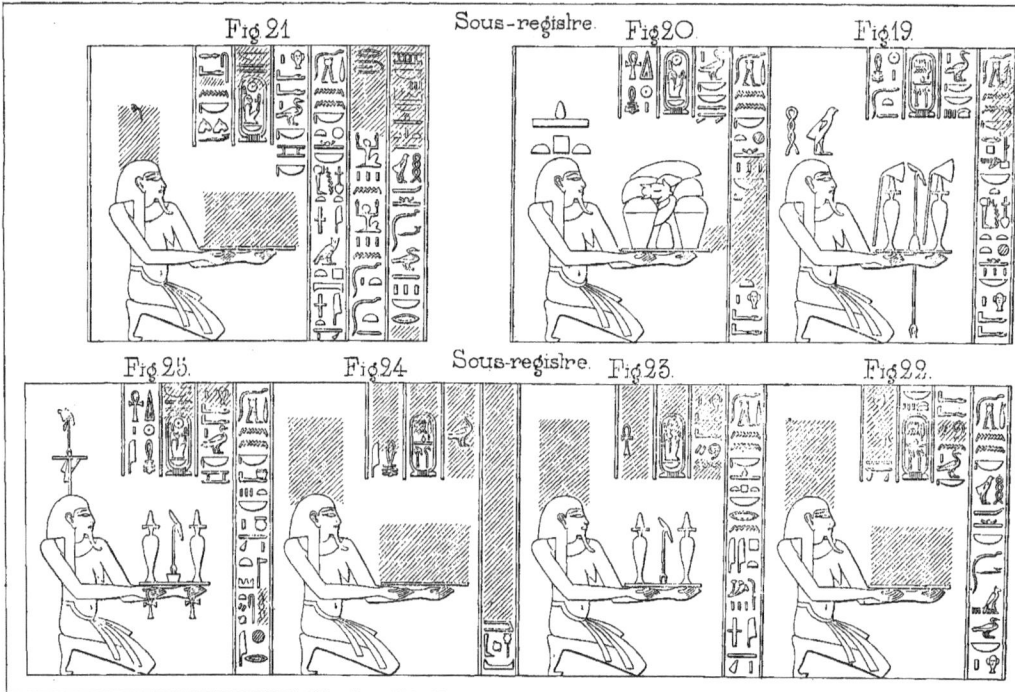

Fig 21. Sous-registre. Fig 20. Fig 19.

Fig 25. Fig 24. Sous-registre. Fig 23. Fig 22.

Fig. 18, 20; fig. 21, 22, 23, 24, 25.

Pl. V

SALLE HYPOSTYLE

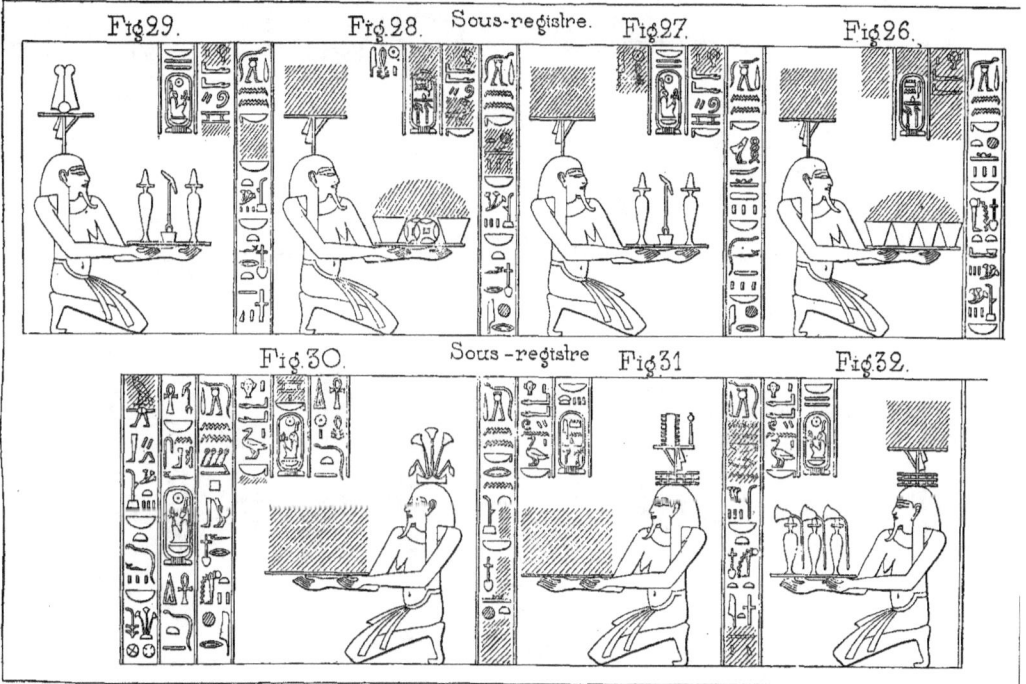

Fig 29. Fig 28. Sous-registre. Fig 27. Fig 26.

Fig 30. Sous-registre Fig 31 Fig 32.

Fig. 26, 27, 28, 29, — 30, 32, 31.

Pl. VI

SALLE HYPOSTYLE

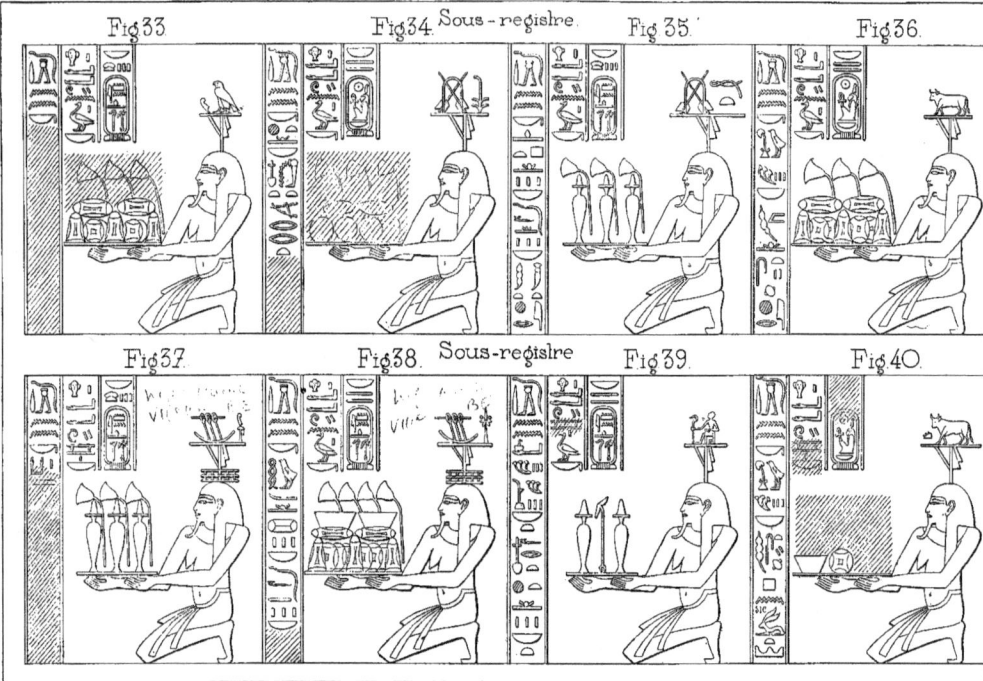

Fig. 34, 33, 36, 35, 37, 38, 40, 39.

Pl. VII

SALLE HYPOSTYLE

Fig.41 Pilastre. [2ᵉ registre.]	Pilastre d'angle [2ᵉ registre] Fig.42

Fig.43 Pilastre [3ᵉ registre.]	Pilastre.[3ᵉ registre] Fig.44.

Fig. 43 (*41*) et 41 (*43*); fig. 42 et 46 (*44*).

Pl. VIII

SALLE HYPOSTYLE

Fig. 45. Pilastre d'angle [3ᵉ registre]

Pilastre. [1ᵉʳ registre] Fig. 46.

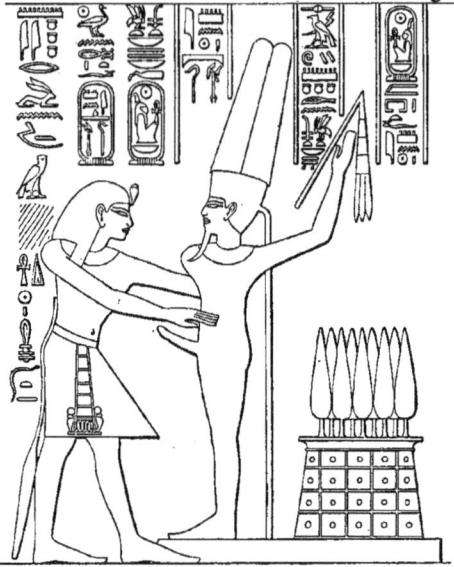

1ᵉʳ Registre.
Fig. 47.

Fig. 45 et 44 (46); fig. 55 (47); la fin, pl. XV, fig. 56.

Pl. IX

SALLE HYPOSTYLE XV

Fig 58.   3e Registre.

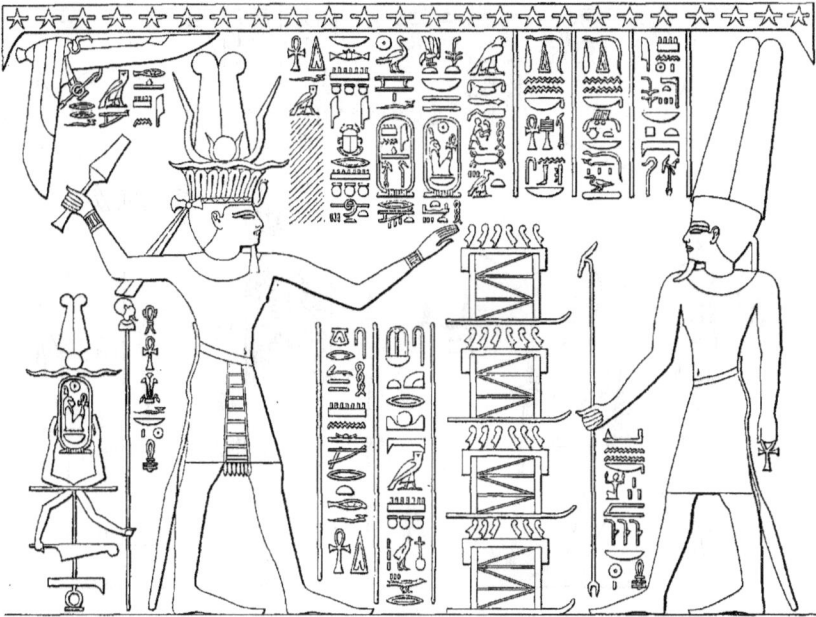

Fig 57.

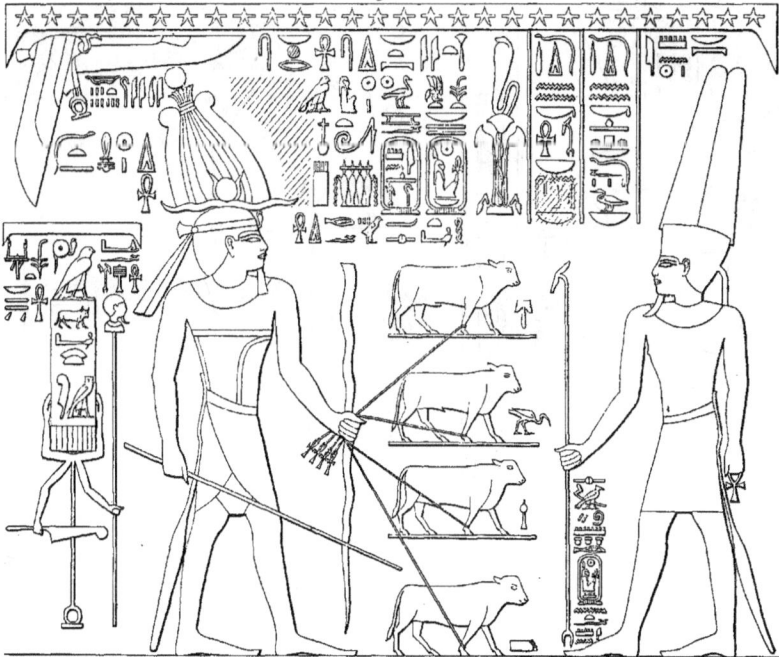

Fig. 47 (57) et 48 (58).

Pl. X

SALLE HYPOSTYLE

Fig. 59. 3ᵉ Registre

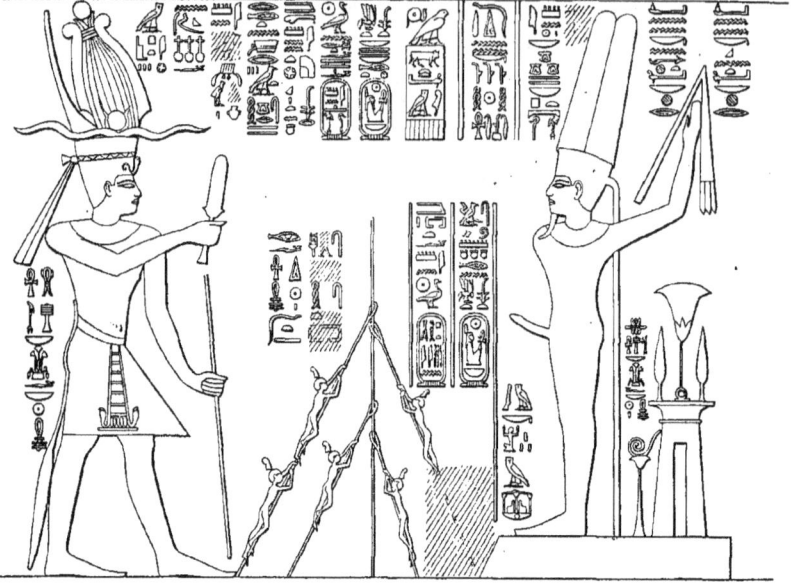

Fig. 60 3ᵉ Registre Fragment du mur Sud. Fig

Fig. 49 (59) et 50 (60); fig. 61.

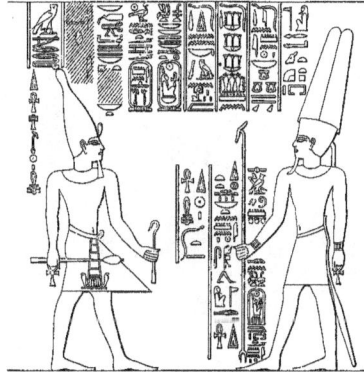

Fig 52   1er Registre.

2e Registre.   Fig 53.

Pl. XII

SALLE HYPOSTYLE

Fig. 54

2ͤ Registre

Fig. 52.

Pl. XIII

SALLE HYPOSTYLE · XIII

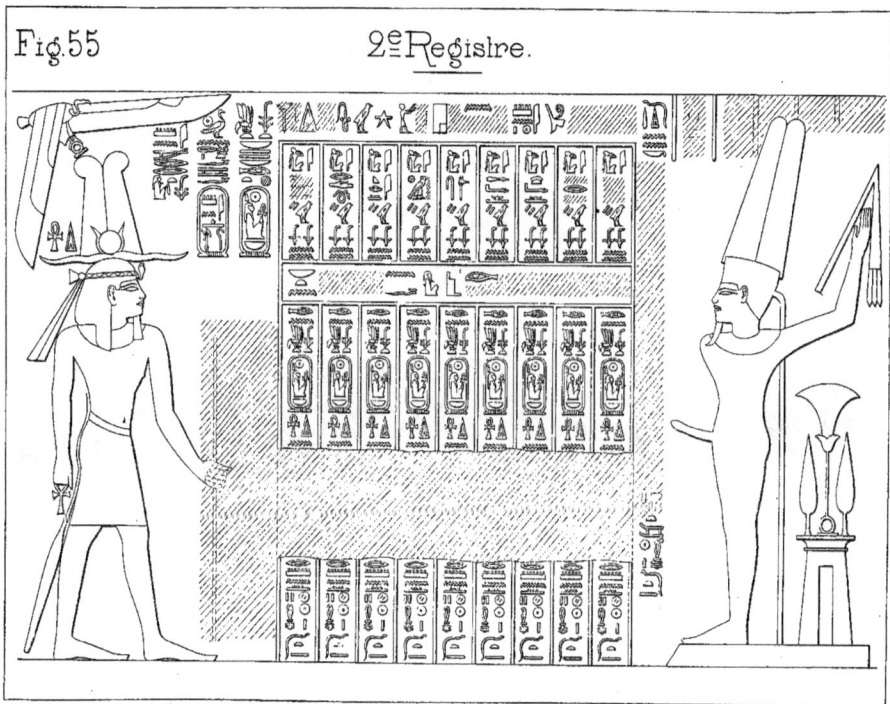

Fig. 55   2ᵉ Registre.

Fig. 53.

Pl. XIV

SALLE HYPOSTYLE

Fig 56   2^e Registre.

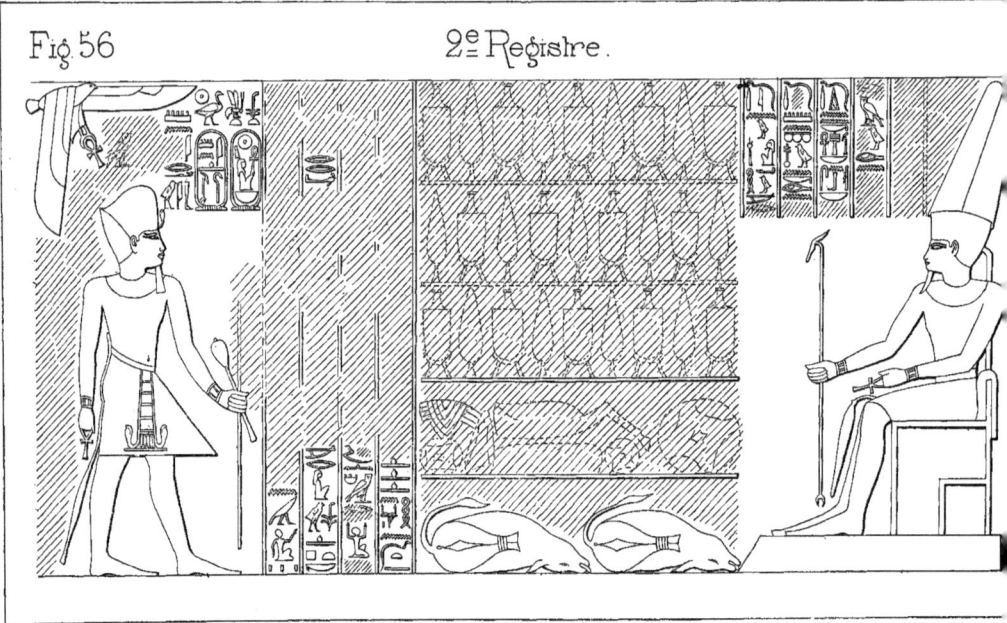

Fig. 54.

Pl. XV

SALLE HYPOSTYLE IX

Fig. 48   1er Registre.

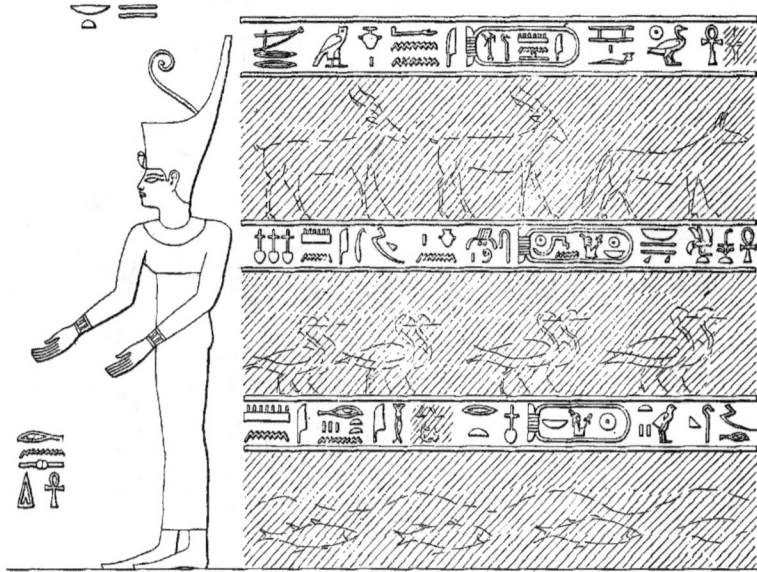

Fig. 49   1er Registre.

Fig. 56 (48); le commencement Pl. VIII.— Fig. 57 (49).

Pl. XVI

SALLE HYPOSTYLE

Fig 50.　1er Registre.

Fig 51.　1er Registre.

Fig. 58 (50); fig. 59 (51); la fin Pl. XI.

Pl. XVI *bis*

SALLE HYPOSTYLE

Fig 62.

Mur. Sud - Entablement de la porte.

Fig. 63

Fig. 62, 63.

Pl. XVII

SALLE HYPOSTYLE

Porte d'accès dans le 1er vestibule

Fig 64.   Pilastre gauche 3e registre   Pilastre droit 3e registre   Fig 65.

Fig 66   Porte latérale   VESTIBULE. Mur Nord. 3e registre.   Fig 67.

Fig. 64, 65, 66; fig. 69 (67).

Pl. XVIII

Costume

VESTIBULE

XIX

Fig. 68.

Mur Sud

Fig. 69.

Fig. 70.

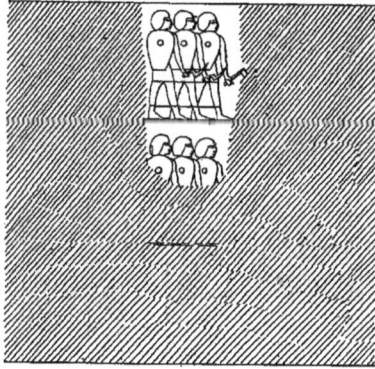

Fig. 67-68 (68-69); fig. 70.

Pl. XIX

SALLEA

Fig. 76.   Mur Sud. 2e Registre.

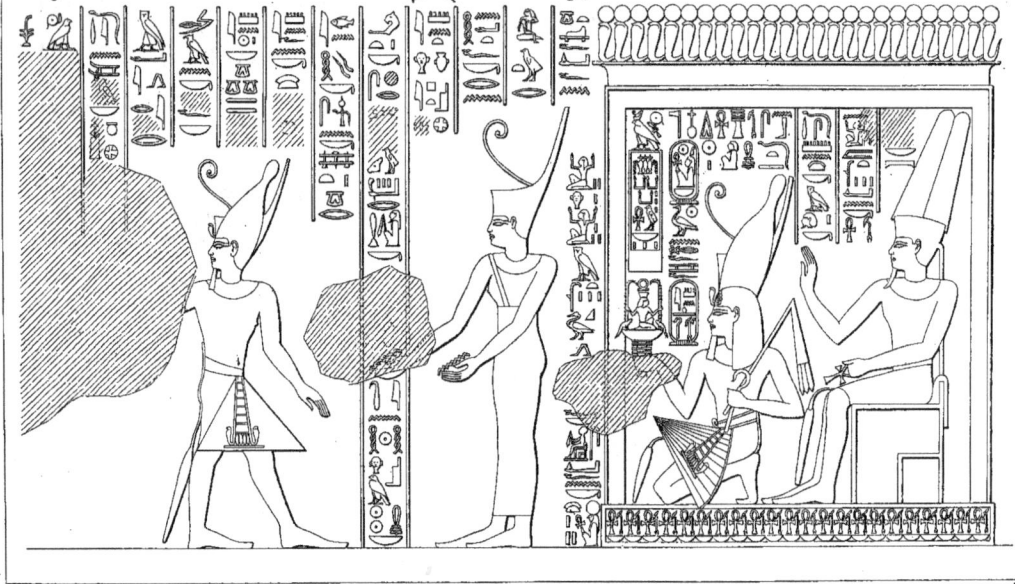

Fig. 71, 72.

Pl. XX

SALLE A

Fig. 72

1er Registre.

Fig. 71

Fig. 73

2e Registre

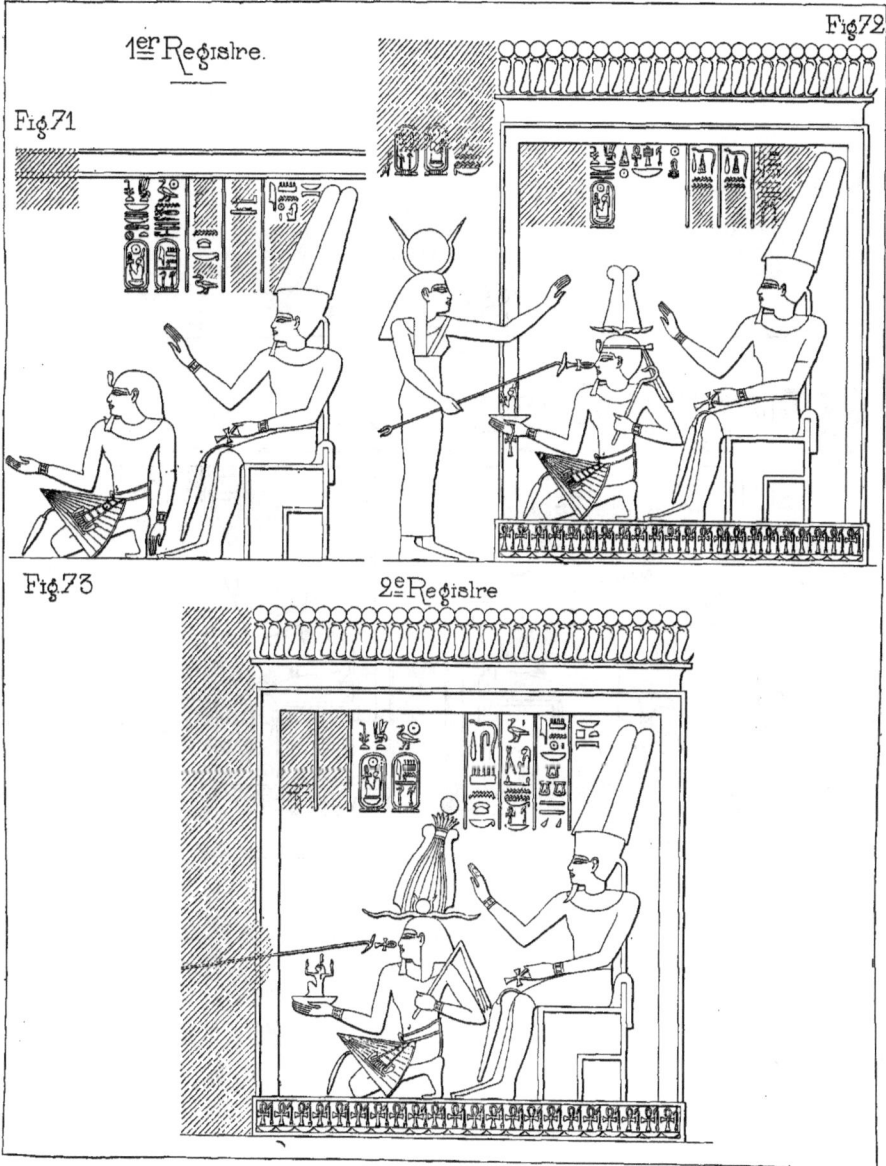

Fig. 73 (73), fig. 75 (71) et 76 (72).

Pl. XXI

SALLE A

Fig 74

2ᵉ Registre

Fig

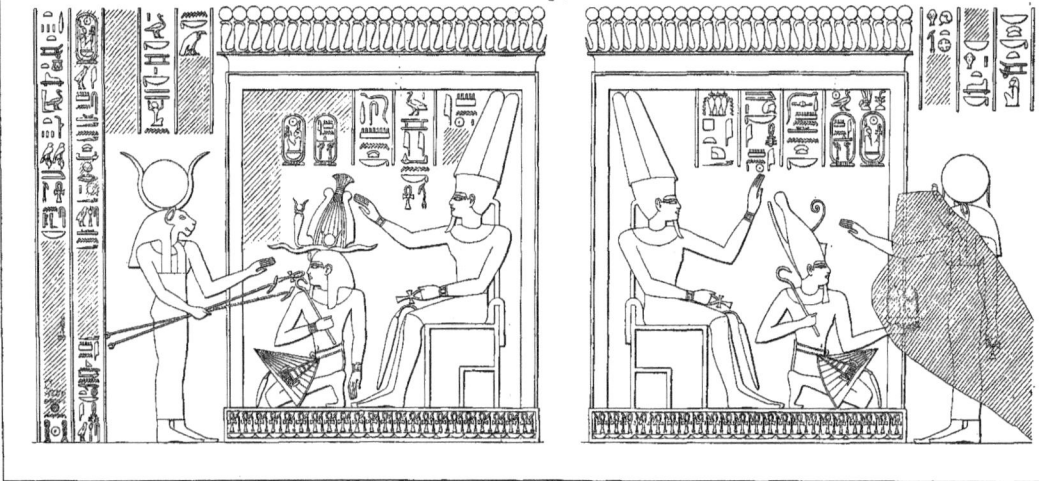

Fig. 74, fig. 84 (75).

Pl. XXII

SALLE A

Fig 77   Pilastre de la porte [Côté gauche]   Fig 78

Fig 79   Pilastre de la porte.[Mur Sud Côté gauche] = 3e reg re

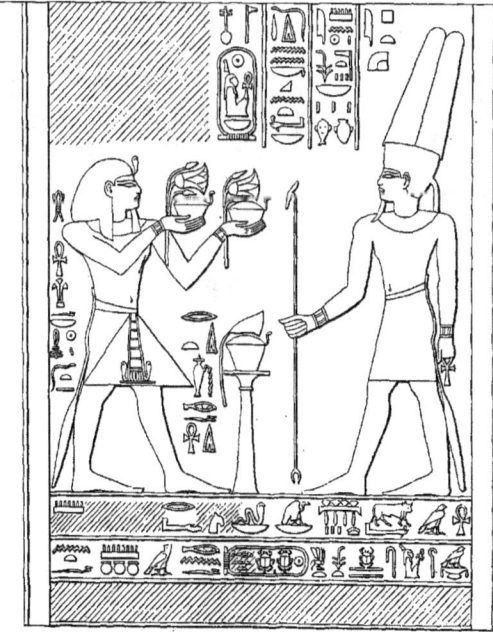

Fig. 77 (79), 78, 79 (77).

Pl. XXIII

SALLE A

Fig 82. Pilastre de la porte-3°reg.º Côté droit

MUR SUD

3°Registre

Fig 8

Fig. 80, fig. 83.

Pl. XXIV

SALLE A — XXIV

MUR SUD

Pilastre de la porte — [Côté droit]

Fig 80   Fig 81

Pl. XXV

SALLER XXVI

MUR EST.

Fig. 84 1er Registre

Fig. 85.

Pl. XXVI

SALLE R

Fig 85

Mur Est-1er Registre.

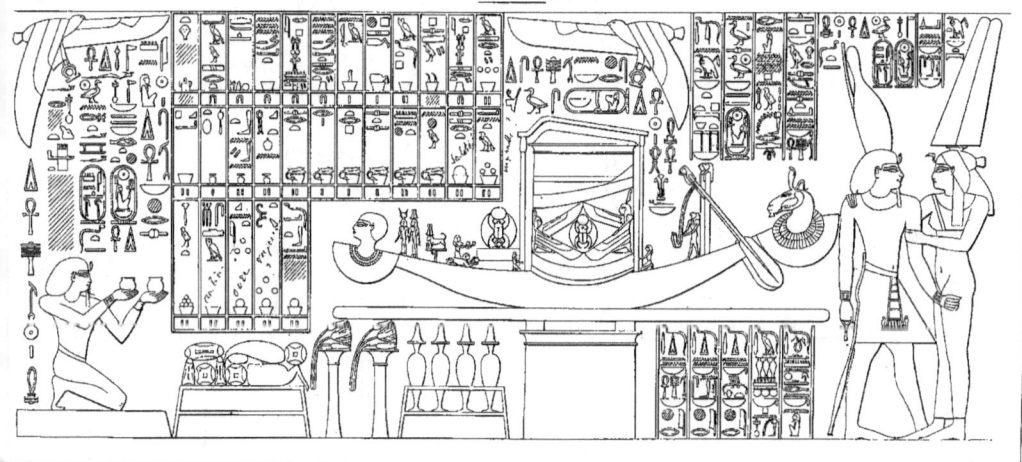

. Fig. 85.

MUR SUD

1er Registre

Fig. 86

Fig. 87

Fig. 86, fig. 87.

Pl. XXVIII–XXIX

SALLE·R

Fig 88   Mur Ouest-1ᵉʳ Registre.

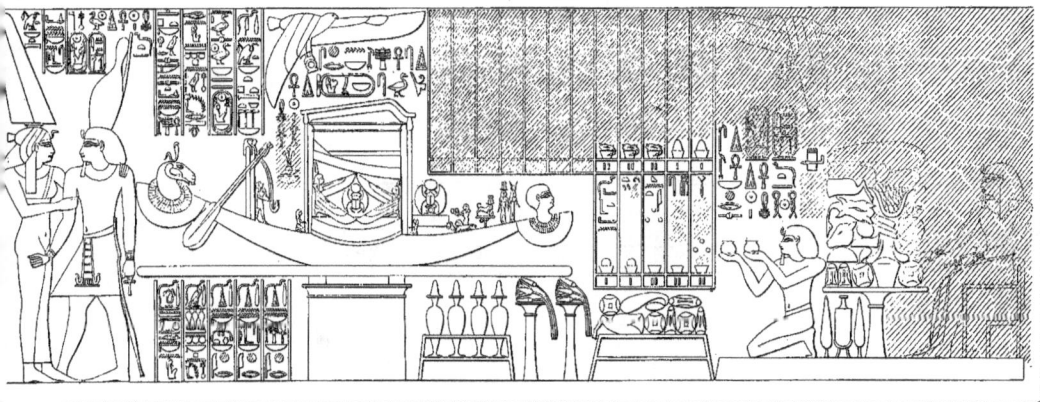

Fig. 88, 88 *bis*.

Pl. XXX

SALLE S

Fig. 89   Registre unique   Fig. 90

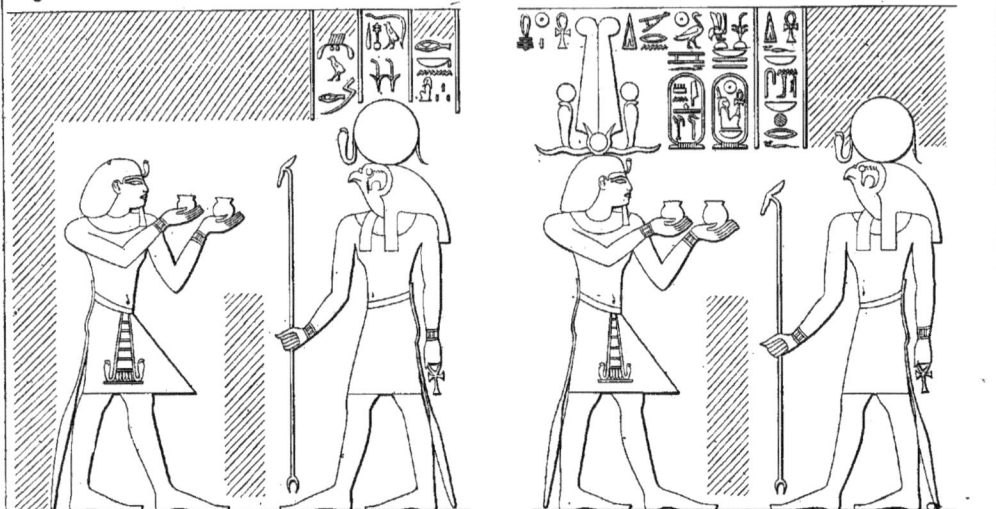

Fig. 91

Fig. 89, 90, 91.

Pl. XXXI

SALLE X

Fig. 92

Fig. 93

Fig. 92; fig. 93.

Pl. XXXII

SALLE X

Fɪɢ. 94.

Fɪɢ. 95.

Fig. 93 ; fig. 96.

Pl. XXXIII

SALLE X

Fig. 96

Fig. 97

Fig. 94; fig. 97.

Pl. XXXIV

SALLE B

MUR NORD

3ᵉ Registre.—Côté droit de la porte.

Fig. 139

Fig. 140.

Fig. 98; fig. 99.

SALLE B

MUR NORD

Fig. 138.   2ᵉ Registre. _Côté droit de la porte.

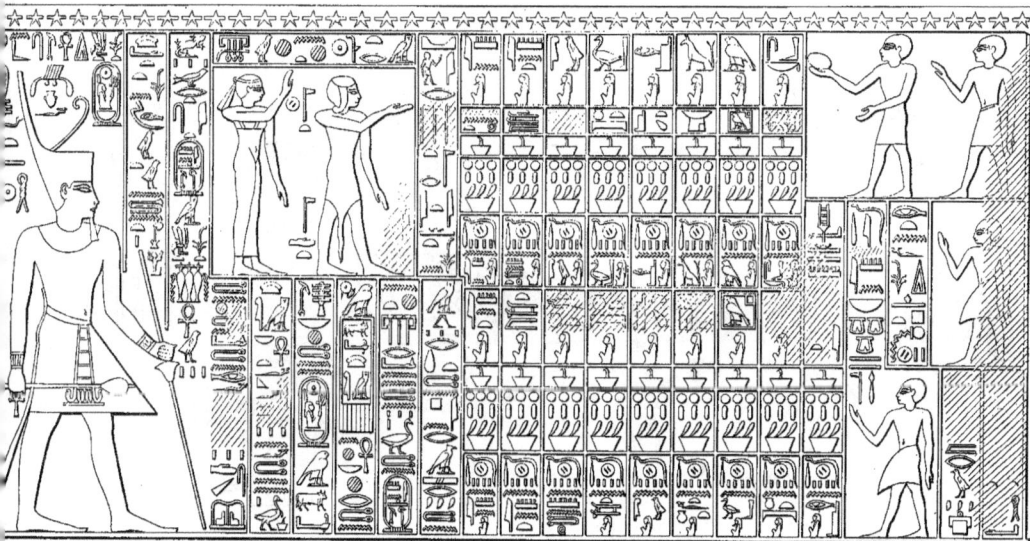

Fig. 100.

SALLE B

Mur Nord _ Côté droit de la porte . 1er Registre.

Fig. 136.

Fig. 137.

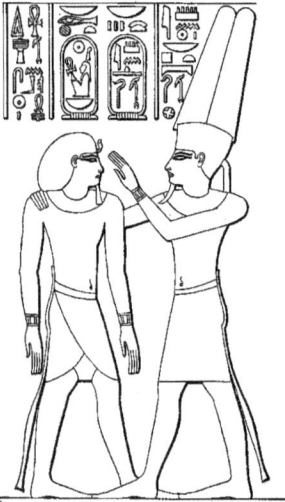 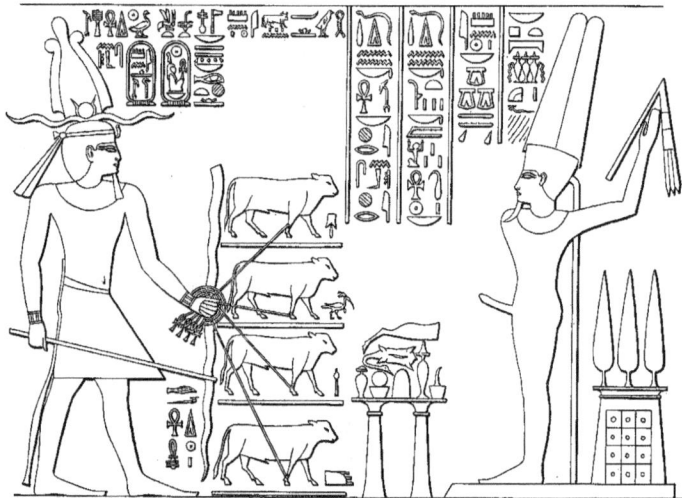

Fig. 101 ; fig. 102.

Pl. XXXVII

SALLE B

Fig.128   Mur Est._3ᵉ Registre.

Fig. 103.

Pl. XXXVIII

SALLE B

L

Fig. 129 Mur Est - 3ᵉ Registre.

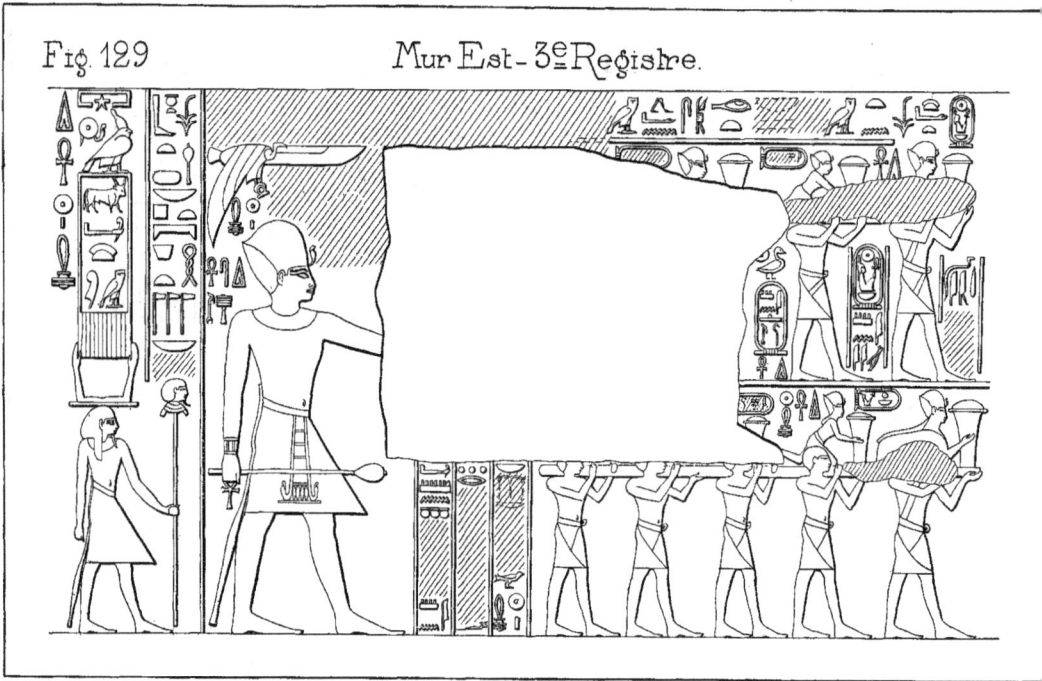

Fig. 104.

Pl. XXXIX

SALLE B

Fig. 130.   Mur Est. 3e Registre.

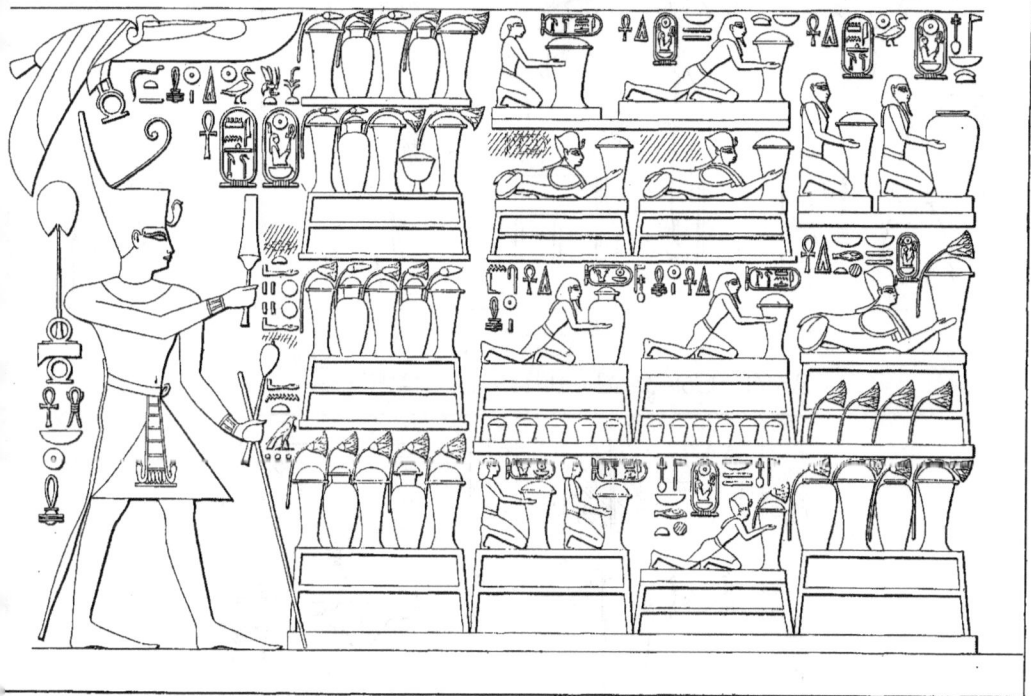

Fig. 105.

Pl. XL

SALLE B

MUR EST
Fig 131   3ᵉ Registre

MUR NORD
1ᵉʳ Registre.   Fig 133

MUR NORD
Fig 132. Côté gauche de la porte. 1ᵉʳ Registre.

Fig. 106 (*131*); fig. 121 (*133*); fig. 122 (*132*).

Pl. XLI

SALLE B

Fig. 125

Mur Est-2ᵉ Registre.

Fig. 107.

Pl. XLII

SALLE B

Fig 126   Mur Est - 2ᵉ Registre.

Fig. 108.

Pl. XLIII

XLIX

SALLE B

Fig. 127   Mur Est-2ᵉ Registre.

Fig. 109.

Pl. XLIV

SALLE B

Fig. 122   Mur Est — 1ᵉʳ Registre   Fig. 124

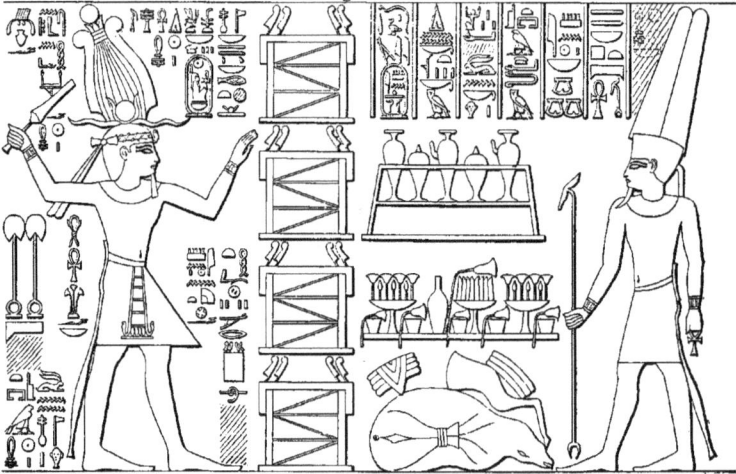

Fig. 123

Fig. 110 (*124*); fig. 111 (*123*); fig. 112 (*122*).

Pl. XLV

SALLE B

MUR EST

XLV

Fig. 119   1er Registre   Fig. 120

Fig. 121   1er Registre.

Fig. 113 (*121*); fig. 114 (*120*); fig. 115 (*119*).

Pl. XLVI

SALLE B

Fig 110   2ᵉ Registre. Côté gauche de la porte

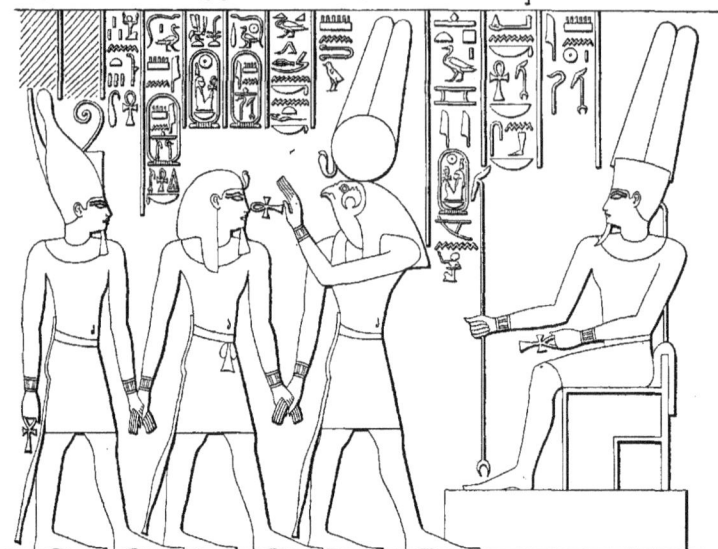

Fig 111   3ᵉ Registre. Côté gauche de la porte

Fig. 116 (*111*); fig. 117 (*110*).

Pl. XLVII

SALLE B

Fig.108

Fig.107

Porte de Côté.
[Ouest.]

Fig.109 Mur Sud-1er Registre - Côté gauche de la porte.

Fig. 118 (*109*); fig. 132 (*108*); fig. 133 (*107*).

Pl. XLIX

SALLE B

Mur Nord.– Côté gauche de la porte.

Fig.134   2ᵉ Registre.

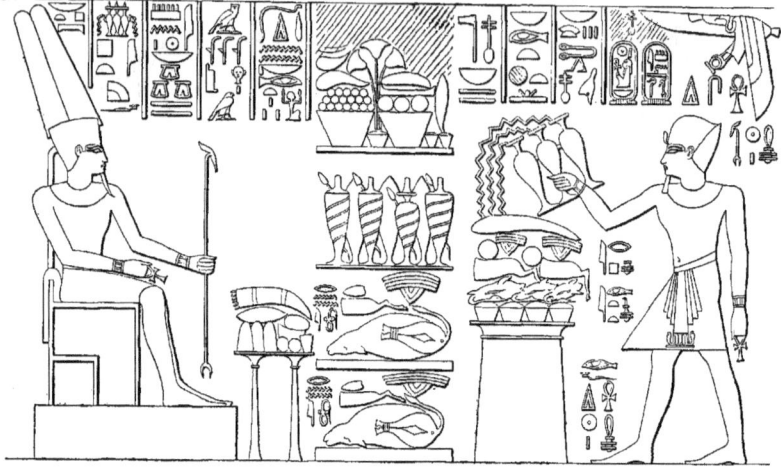

Fig. 135.   3ᵉ Registre.

Fig. 119 (*135*); fig. 120 (*134*).

Pl. L

SALLE B

MUR OUEST.

Fig. 106
3e Registre.

Fig. 105.

Pl. L *bis*

SALLE B

Mur Ouest. 1er Registre
Fig. 105.

Fig. 124.

Fig.104 - Mur Est-2º Registre.

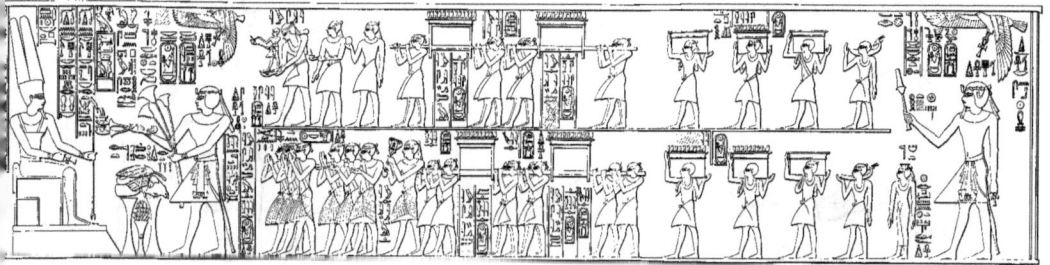

Pl. LII

SALLE B

Mur Ouest – 2ᵉ Registre
Fig. 103.

Fig. 126.

Pl. LIII

SALLE B

Mur Ouest – 1er Registre

Fig 100

Fig 101

Fig 102.

Fig. 127 (*102*); fig. 128 (*101*); fig. 129 (100).

Pl. LIV

SALLE B

Mur Ouest-1er Registre.

Fig 98

Fig. 99.

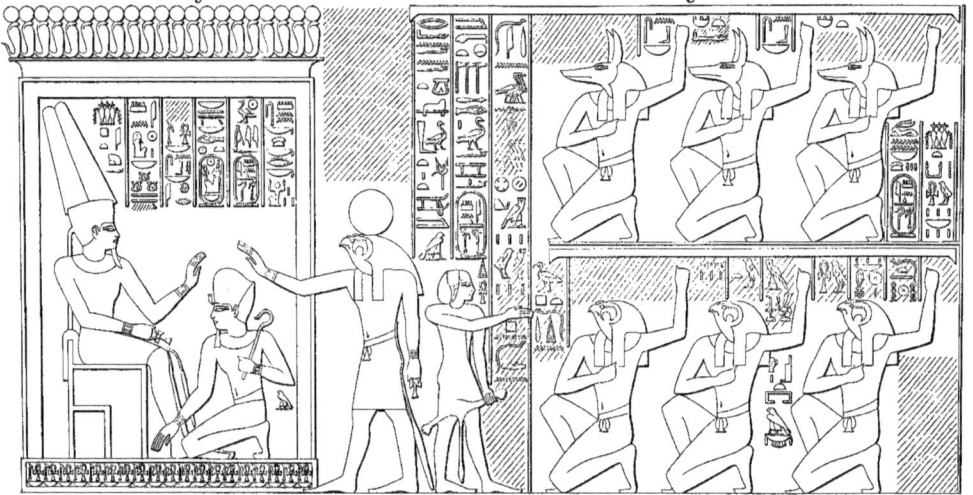

Fig. 130; fig. 131.

SALLE B

Fig 114 Mur Sud_3ᵉ Registre. _ Côté droit de la porte

(Les fig. 134-135 n'ont pas été dessinées). Fig. 136.

Pl. LVI

SALLE B

MUR SUD. CÔTÉ DROIT DE LA PORTE

Fig 112 — 1er Registre

Fig 113 — 2e Registre

Fig. 137 (113); fig. 138 (112).

Pl. LVII

SALLE B

PORTE DE COM^{on} AVEC LE SANCTUAIRE
1er Registre

Fig. 115   Côté gauche   Côté droit   Fig. 117

2e Registre.

Fig. 116   Côté gauche   Côté droit   Fig. 118

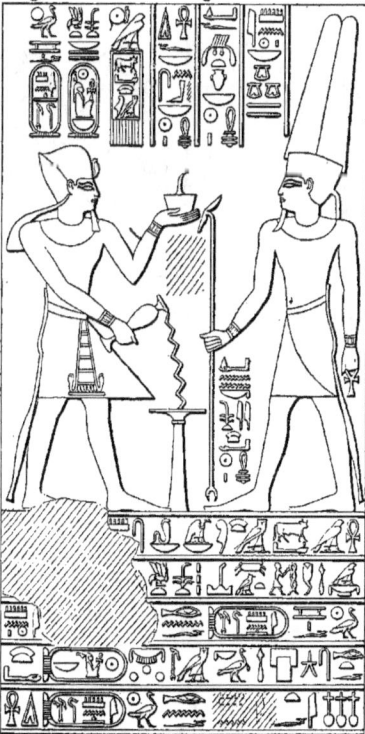
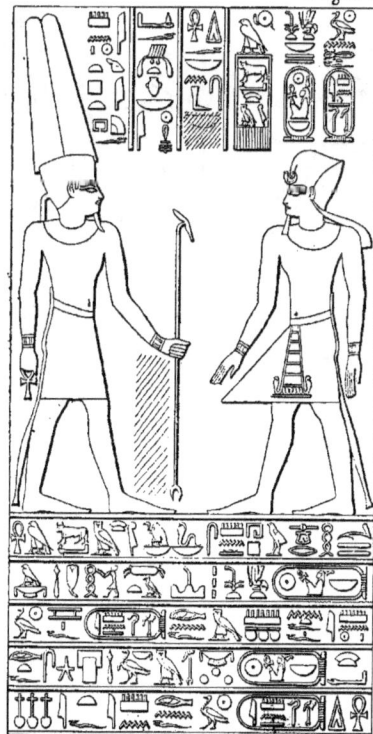

Fig. 139 (*116*); 140 (*115*); fig. 141 (*118*); 142 (*117*).

Pl. LVIII

2ᵉ VESTIBULE

Porte d'accès [Frise.]

Fig. 141

Fig 142.

Fig. 143; 144.

Pl. LIX

2ᵉ VESTIBULE

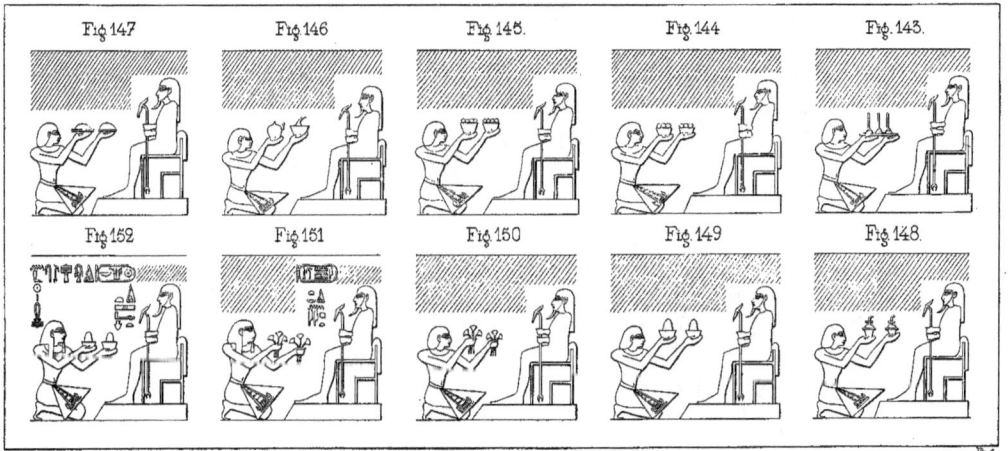

Fig. 147 Fig. 146 Fig. 145. Fig. 144 Fig. 143.

Fig. 152 Fig. 151 Fig. 150 Fig. 149 Fig. 148.

Fig. 145 à 154.

Pl. LX

2ᵉ VESTIBULE

L

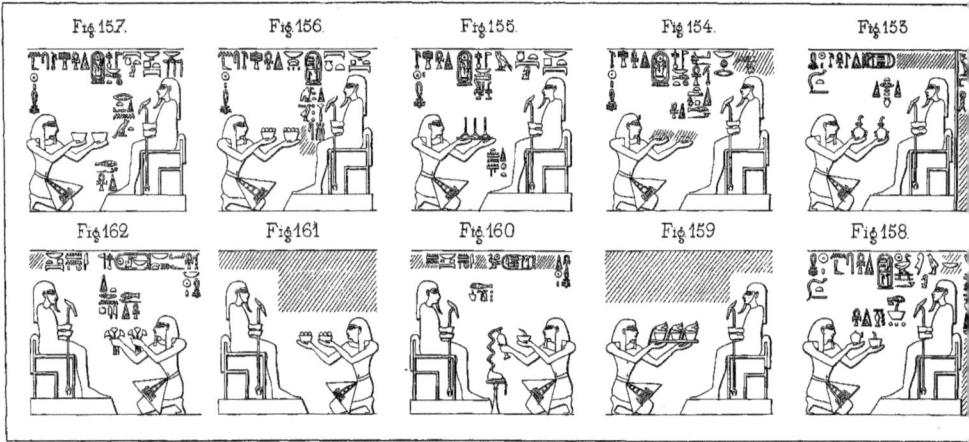

Fig. 155 à 164.

Pl. LXI

2ᵉ VESTIBULE

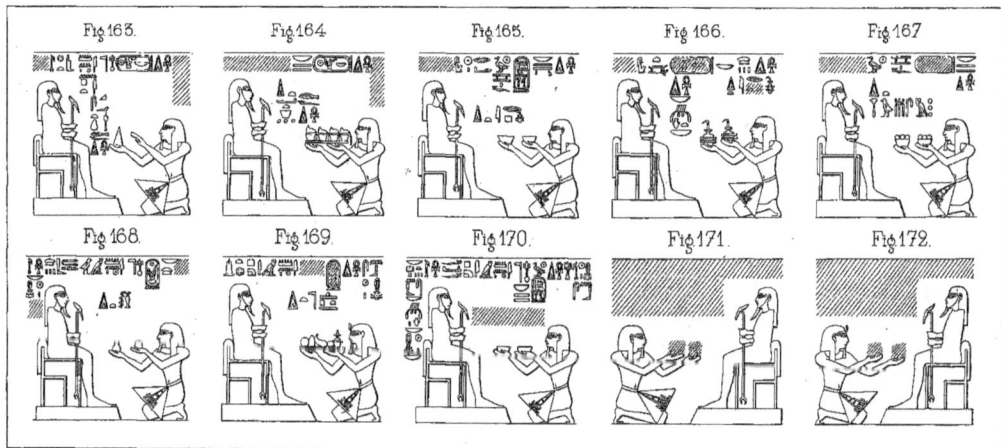

Fig 163.   Fig 164   Fig 165.   Fig 166.   Fig 167

Fig 168.   Fig 169.   Fig 170.   Fig 171.   Fig 172.

Fig. 165 à 174.

Pl. LXII

SALLE G

Fig 206　　Mur Ouest – 3⁵ Registre　　Fig 207

Fig 208　　Mur Nord – 1ᵉʳ Registre

Fig. 175 (207, 206), la suite Pl. LXIII; fig. 197 (208), la fin Pl. LXX.

Pl. LXIII

SALLE G

Fig 202   Mur Ouest _ 3ᵉ Registre   Fig 203

Fig 204   Fig 205

Fig. 179 (205); 177 (204); 178 (203); 179 (202), le commencement Pl. LXII.

Pl. LXIV

SALLE G

Fig. 196   Mur Ouest - 1er Registre

Fig. 197   2e Registre   Fig. 198

 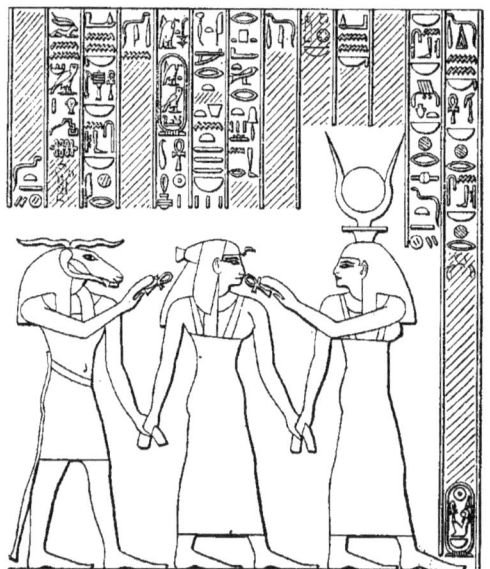

Fig. 180 (*197*); 181 (*198*), la suite Pl. LXV; fig. 189 (*196*), le commencement Pl. LXVII et LXVIII.

Fig. 199   Mur Ouest-2ᵉ Registre

Fig. 200

Fig. 201

Fig. 182 (*199*); 183 (*200*); 184 (*201*).

Pl. LXVI

SALLE G

Fig.192   Mur Ouest - 1ᵉʳ Registre   Fig.193

Fig. 185 *(192)*; 186 *(193)*.

Pl. LXVII

SALLE G

Fig 194   Mur Ouest – 1ᵉʳ Régistre   Fig 195

Fig. 187 (*194*); fig. 188 (*195*), la fin Pl. LXIV.

Pl. LXVIII

SALLE G

Fig. 211   Mur Nord 2ᵉ et 3ᵉ Registres   Fig. 213

Fig. 212   Fig. 214

Fig. 190 (*214*), la fin Pl. LXIX; fig. 194 (*211*); 195 (*212*), et 196 (*213*), le commencement Pl. LXX.

Pl. LXIX

SALLE G

Fig. 215   Mur Nord _ 3ᵉ Registre.

Fig. 216.

Fig. 191 (215); 192 (216), le commencement Pl. LXVIII.

Pl. LXX

SALLE G

Fig 209   Mur Nord – 1er Registre.

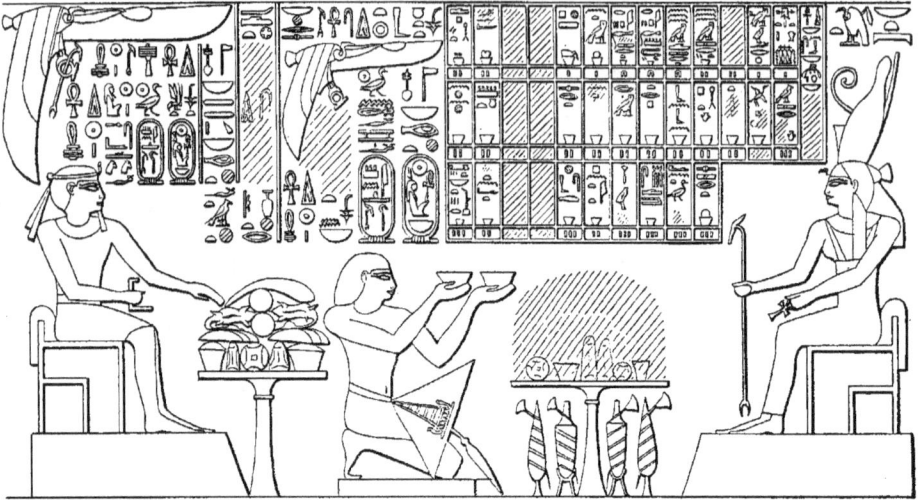

Fig. 210.   2e Registre.

Fig. 193 (210), la fin Pl. LXVIII ; fig. 198 (209), le commencement Pl. LXII.

Pl. LXXI

SALLE G

Mur Est – 1ᵉʳ Registre

Fig. 173.

Fig. 174

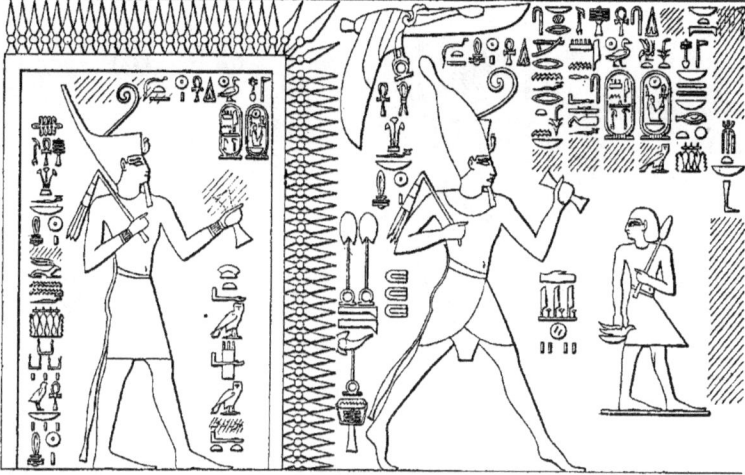

Fig. 175-176

Fig. 177

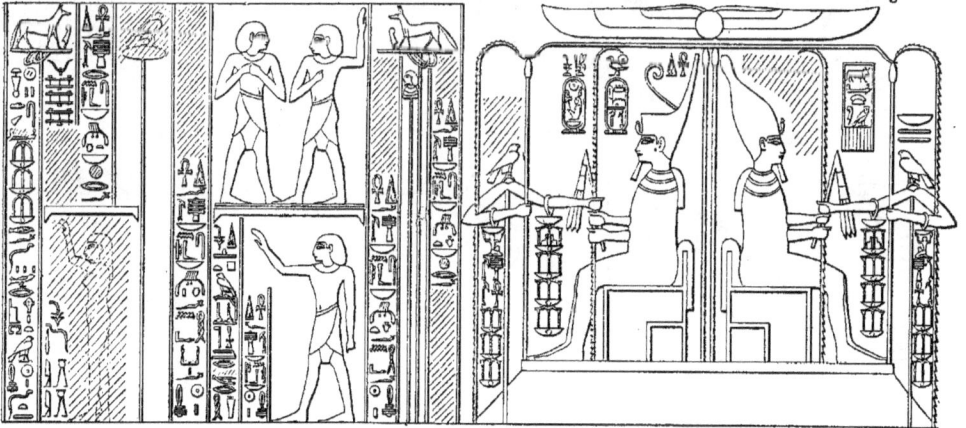

Fig. 199 (*173*); 200 (*174*); 201 (*175*); 202 (*176*); 203 (*177*).

Pl. LXXII

SALLE G

Fig. 178-179
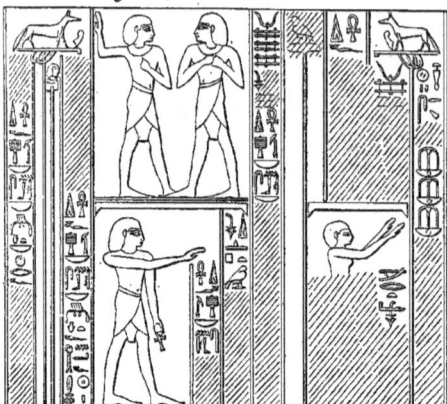

Fig. 180

Fig. 181

Fig. 182

Fig. 183
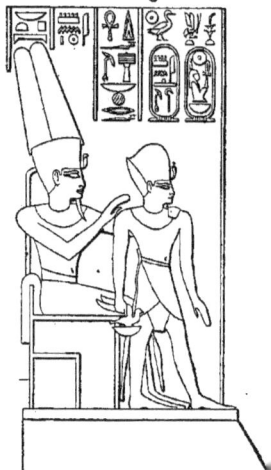

Fig. 204 (*181*); 205 (*180*); 206 (*179*); 207 (*178*); fig. 216 (*183*), le commencement Pl. LXXV; fig. 217 (*182*).

Pl. LXXIII

SALLE G

Fig 189   Mur Sud – 2ᵉ et 3ᵉ Registres   Fig 190

Fig 191   3ᵉ Registre.

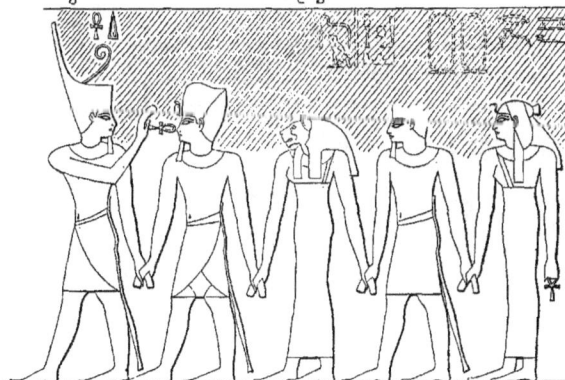

Fig. 208 (*191*); 209 (*190*); fig. 212 (*189*), le commencement Pl. LXXIV.

Pl. LXXIV.

SALLE G

Mur Sud - 2ᵉ Registre
Fig. 187

Fig. 188.

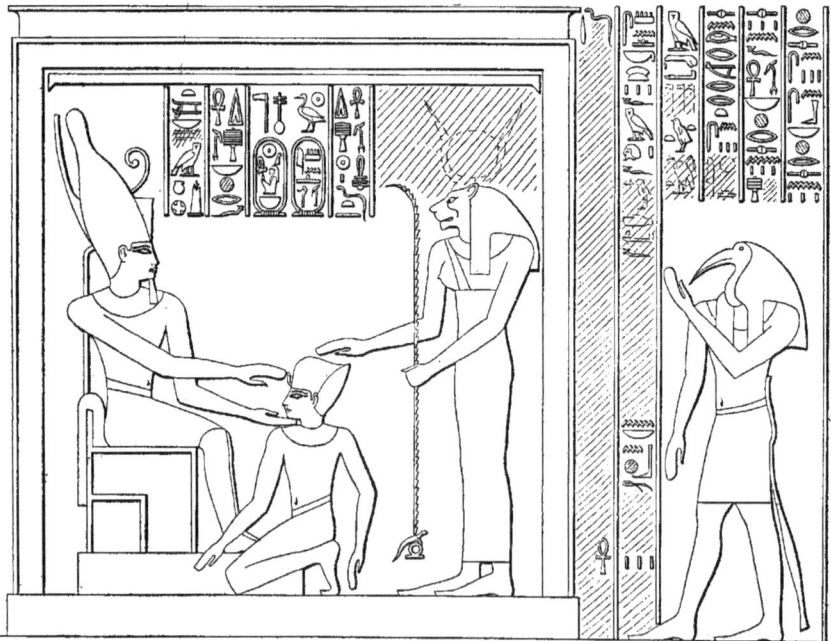

Fig. 210 (187); 211 (188), la fin Pl. LXXIII.

Pl. LXXV

SALLE G

Fig. 184   Mur Sud-1er Registre   Fig. 186

Fig. 185.

Fig. 213 (*186*); 214 (*185*); 215 (*184*), la fin Pl. LXXII.

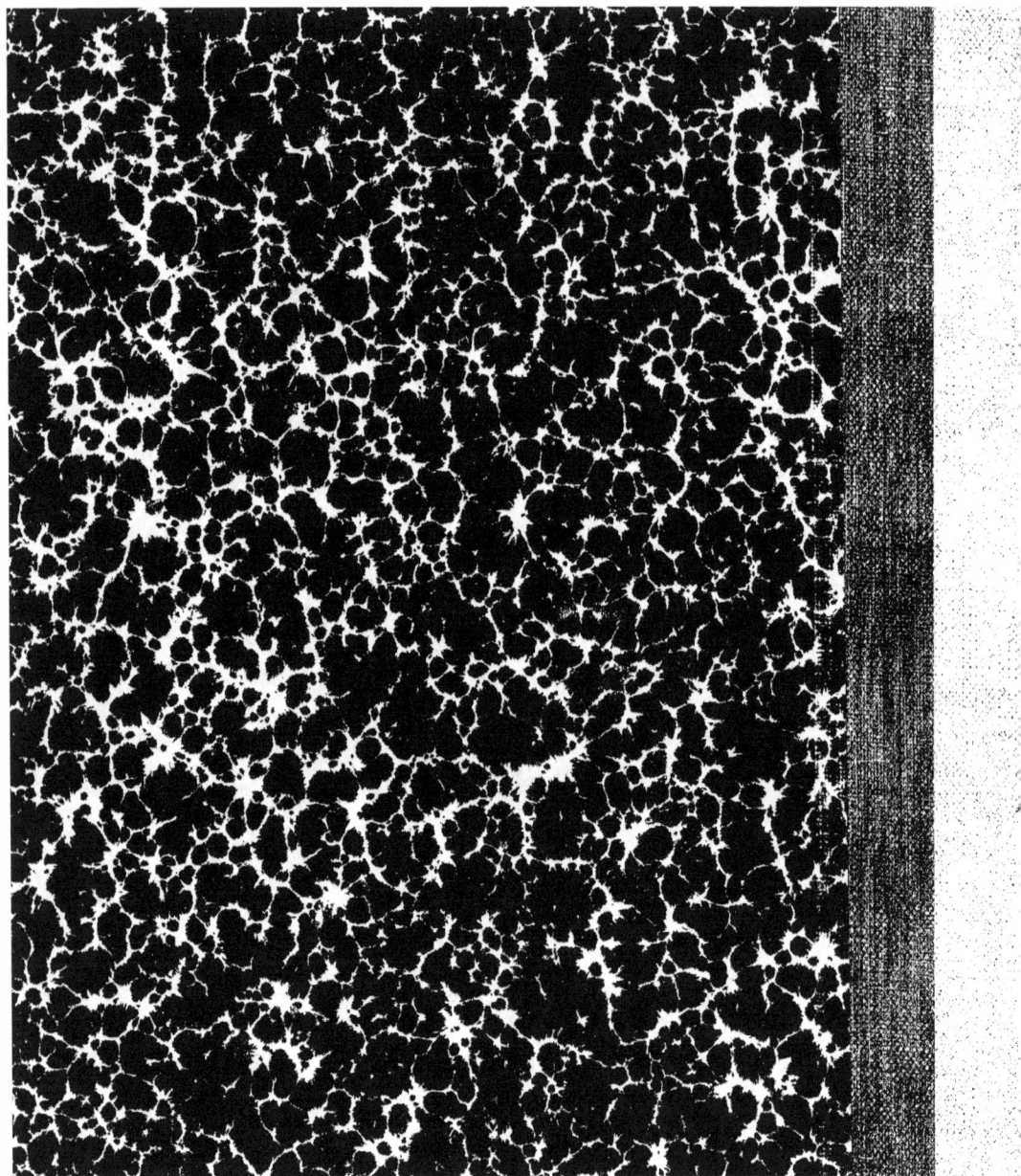